VIE
DE LA MERE JEANNE
DE JESUS,
RELIGIEUSE URSULINE,

Fondatrice des Monasteres de Ste. Ursule, de l'Ordre Reformé de St. Augustin, dans les Villes d'Arles, d'Avignon, de Tarascon, de Valreas, de Bollene & de St. Remy.

A AVIGNON,

Chez DOMINIQUE SEGUIN, Imprimeur-Libraire, près les RR. PP. Jésuites.

M. DCC. LI.

AVERTISSEMENT.

LA Vie de la Mere Jeanne de Jeſus qu'on donne aujourd'hui au Public, n'eſt pas la premiere qui ait été imprimée. Il en parut une peu de tems après ſa mort, dont on trouve encore quelques Exemplaires dans les differens Monaſtéres qu'elle a fondez, & principalement dans celui d'Avignon, où l'on conſerve ſon Corps qui eſt toûjours entier, en chair & en os, ſans aucune marque de corruption, quoique cette Sainte Fille ſoit morte depuis 1636. Mais outre que le ſtyle en eſt un peu ſuranné, cette Vie eſt trop abregée, pour donner une juſte idée des vertus qui caractériſoient la Mere Jeanne de Jeſus. Les Religieuſes Auguſtines de S. Remy, qui eſt le lieu de ſa naiſſance, ſouhaitoient ſur tout paſſionnement de faire connoître le mérite de leur Sainte Fondatrice, non-feulement aux Filles de leur Inftitut ; mais encore à tous les Fidéles, perfuadées qu'on ne peut trop produire d'exemples de vertu ; & c'eft dans cette vûë qu'Elles ont fait imprimer cette nouvelle Vie, où l'on s'eft attaché à faire connoître celle de la Mere Jeanne de Jefus depuis fon berceau jufques à fa mort.

On y trouvera effectivement des exemples frapans d'humilité, de chafteté, de défintereffement, de mortification, d'abnegation de foi-même, de patience dans les douleurs les plus aiguës, de refignation parfaite aux volontez du Ciel : en un mot, les Religieufes, & les perfonnes du Monde aprendront dans la Vie de la Mere Jeanne de Jefus les devoirs de leur état : Je dis les perfonnes du Monde, parce que leurs obligations ne font pas moindres à certains égards que celles des Religieufes.

Si l'on a employé les termes de Sainte, de Vénérable, fi l'on a raporté des Miracles, durant la vie & après la mort de cette vertueuſe Fille, on n'a pas prétendu prévenir le jugement du S. Siége, à qui ſeul apartient de donner de ſemblables titres, & de décider de la valeur de ce qui paroit prodigieux, quoiqu'on n'ait rien avancé que ſur la foi des Procès - Verbaux qui ont été communiquez avec les Mémoires de la Vie de la Mere Jeanne de Jeſus; on n'a fait que ſe conformer à un uſage, qui ne tire point à conſequence. Il eſt à ſouhaiter que les pieuſes intentions des Religieuſes de S. Remy ayent le ſuccès qu'Elles en eſpérent; & que la lecture de cette Vie produiſe le fruit qu'on a eu en vûë de procurer en la mettant au jour.

VIE
DE LA MERE
JEANNE DE JESUS
DE RAMPALLE,

Religieuse Ursuline, Fondatrice des Monastéres de Sainte Ursule de l'Ordre reformé de Saint Augustin, dans les Villes, d'Arles, d'Avignon, de Tarascon, de Valreas, de Bollene, & de St. Remy.

SI la sainteté dépend de la vocation, rien n'y contribuë plus que la fidélité à s'acquiter de ses devoirs. On peut fe fanctifier dans toute forte d'états ; & l'Eglife nous propofe pour modéles dans chaque Siécle des Saints de tout rang & de toute condition, dont la fidélité à fuivre leur vocation & à remplir les devoirs qui y étoient attachés a mérité les recompenfes éternelles. C'eft ce qu'on entreprend de faire voir encore aujourd'hui par le récit de la Vie de la Mere Jeanne de Jefus. Si fes vertus ont peu éclaté aux yeux des hommes, leur folidité ne portoit pas des marques moins vifibles de perfection ; & fi elle prit un foin extrême de les cacher, ce foin doit être regardé comme une nouvelle vertu propre à cette fainte Fille.

L'origine de la Mere Jean-

ne de Jefus ne fut pas bien
illuftre felon le monde ; mais
que font aux yeux de Dieu
la plus haute naiffance, le
rang le plus relevé, la fortune la plus brillante ? Dieu ne
compte pour rien tout ce qui
fait l'objet de l'admiration &
de l'ambition des hommes.
La feule vertu attire fes re-
gards ; & fi l'on voit des Saints
nés jufques fur le Trône, s'il
s'en trouve qui ont été revê-
tus des Dignités les plus éminentes, fi d'autres ont poffe-
dé des biens immenfes, Dieu
ne les a diftingués que par le
bon ufage qu'ils ont fait de
tous ces avantages, en fe con-
formant aux vûës qu'il s'eft
propofées en les établiffant.

Nicolas Rampalle & Dau-
phine Lanfreze qui donné-

rent le jour à la Mere Jeanne de Jesus, habitoient à Saint Remy, petite Ville de Provence au Diocése d'Avignon. Nez dans une condition médiocre, ils vivoient néanmoins avec honneur selon leur état. C'étoient des gens d'une probité reconnuë, qui donnoient à un Fils & à une Fille, les premiers fruits de leur Mariage, une éducation chrêtienne, & conforme en même-tems aux vûës qu'ils avoient pour leur établissement.

Le succès d'une Mission que les Péres de la Compagnie de Jesus du Collége d'Avignon firent à St. Remy en 1582. fut si sensible, que les Habitans de cette Ville parurent d'autres hommes. Les Parens de la Mere Jeanne de

Jesus qui pratiquoient auparavant la vertu avec édification, mirent si bien à profit les discours des Missionnaires, que leur ferveur acquit de nouveaux degrès de force. Ils ne tarderent pas de faire de grands progrès dans la perfection.

Leur famille augmenta dans ces heureuses circonstances. La Mere Jeanne de Jesus nâquit le 30. Janvier 1583. L'Eglise honore ce jour-là la mémoire de Sainte Aldegonde Vierge, qui issuë du Sang de nos Rois se rendit célébre dans le septiéme Siécle par la fondation d'un Monastére en Hainaut. La Mere Jeanne de Jesus eut pendant toute sa vie une devotion particuliére à cette Sainte, en mé-

moire du jour de fa naiſſance, & elle tâcha même d'inſpirer cette devotion aux Filles qui furent miſes ſous ſa
conduite; elle leur propoſoit
ſouvent cette généreuſe Vierge pour modéle, & elle ſçut
en attirer pluſieurs à la pratique de la vertu, en leur
mettant ſous les yeux par la
lecture de ſa vie celles que
Sainte Aldegonde avoit pra-
tiquées.

Monſieur Rampalle & ſon
épouſe regardant la naiſſance
de la Mere Jeanne de Jeſus
comme une nouvelle faveur
du Ciel, offrirent ce cher enfant au Seigneur; & l'événe-
ment a fait voir qu'en la lui
conſacrant au moment qu'ils
en furent en poſſeſſion, ils
penſoient déja qu'elle ſeroit

un jour une victime digne de lui. En effet la Mere Jeanne de Jesus peut passer pour un nouveau modéle de l'humilité chrêtienne, & d'une patience héroïque dans les afflictions par lesquelles Dieu éprouve ses Elus.

Quelques années après Catherine & Jean-Baptiste furent de nouveaux fruits dont Dieu bénit le Mariage de M. Rampalle ; leurs parens les offrirent également à Dieu, qui appella à lui Jean-Baptiste à l'âge de deux ans. Ce jeune enfant avoit réellement paru destiné à joüir de la gloire céleste. On rapporte que sa Mere le trouvoit toûjours dans son berceau avec les mains jointes, & que le considérant avec complaisance dans cette poſture, elle lui diſoit qu'il n'étoit pas fait pour le monde : auſſi ne fut-elle point affligée de ſa mort. Quelques naturelles qu'euſ-ſent été ſes larmes, elle n'en verſa aucune : contre l'ordi-naire des meres, qui dans ces fortes d'occaſions ſont ſou-vent inconſolables, & ſemblent envier au Seigneur ce qu'il s'eſt reſervé ſpécialement pour lui dans leurs familles.

Catherine qui ſurvêcut à ſon frere fut la fidéle com-pagne de la Mere Jeanne de Jeſus. Leurs parens virent avec ſatisfaction que la pié-té de ces deux jeunes filles croiſſoit avec l'âge. Jeanne étoit fur tout le bon exem-ple de ſa ſœur, & lui enſei-gnoit les petites pratiques de dévotion qui lui étoient déja familiéres. Elle lui expliquoit en particulier à quoi tendoient les inſtructions qu'elles recevoient journellement de leurs parens : quoique proportionnées à leur âge, elles paſſoient néanmoins quelque fois la portée de Catherine.

La peſte vint dans ces entrefaites ravager une partie de la Provence ; & la Ville de St. Remy ne put ſe garantir d'un fléau qu'on n'évite qu'en rompant toute communication avec les lieux infectés. On n'avoit point encore l'uſage de former des cordons par le moyen des Troupes pour arrêter les progrès du mal contagieux ; à la premiére nouvelle que la peſte étoit dans un endroit,

chacun fuyoit, ce qui en augmentoit les progrès. La Ville de St. Remy foupçonnée
d'être infectée, fe vit bientôt
prefque déferte. Ses habitans
croyant éviter la mort par
une prompte fuite, allérent
chercher ailleurs une retraite. Mr. Rampalle choifit la
fienne dans le Village d'Eygallieres, & y conduifit toute fa famille. Ce fut là qu'un
accident commença de faire
connoître quelle feroit un
jour la patience & la fermeté de la Mere Jeanne de Jefus.

Les Ruës d'Eygallieres, fi-
tué fur une petite éminence,
étoient extrêmement raboteu-
fes. La jeune Fille allant executer une commiffion dont fa
Mere l'avoit chargée, tomba

à quelques pas de la Maiſon, & une pointe de rocher lui fit une large & profonde bleſſure au front. Quelque douleur que dût lui cauſer le coup, elle ne pouſſa aucun cri ; ce fut à ceux du voiſinage, allarmé de la voir enſanglantée & qui la crut bleſſée mortellement, que ſes parens accoururent. Malgré la plus parfaite reſignation aux ordres de la providence, ils ne purent refuſer à leur fille cette ſenſibilité que la nature force d'exprimer par des larmes. Effrayés des ſuites de cet accident, ils s'empreſſent de ſecourir ce cher enfant ; le pere la prend entre ſes bras & la porte chez lui ; mais quelle eſt ſa ſurpriſe de la voir auſſi tranquille que ſi

elle n'eût pas reſſenti le moindre mal. Le Chirurgien arri-
ve, découvre, ſonde la playe :
la douleur devoit augmenter
naturellement ; la jeune Fille
ſouffre tout ſans proferer une
ſeule parole ; on diroit qu'elle
eſt inſenſible, & le Chirurgien
en eſt lui-même encore plus
étonné que ſes Parens.

Y auroit-il eu dequoi pa-
roître ſi ſurpris, ſi on eût fait
attention que cette innocente
fille avoit acquis avec l'uſage
de la parole, la pratique des
vertus Chrêtiennes ? Ses Parens qui prenoient eux-mêmes
tant de ſoin de la lui inſpirer,
n'auroient - ils pas dû recon-
noitre en cette occaſion la
puiſſance de la grace dans une
ame qui en eſt prévenuë ? Que
ne ſe rappelloient-ils le cou-

rage dont tant des jeunes enfans ont donné l'exemple durant les perſécutions ? Ils les
avoient eux-mêmes propoſés
pour modéles à leur fille dans
la vûë d'affermir le ſien.

Mais ſi la vertu de la Mere
Jeanne ſe manifeſta par cette
fermeté ou plûtôt cette intré-
pidité avec laquelle elle ſup-
porta les douleurs que dûrent
lui cauſer la main & les inſtrumens du Chirurgien qui
mit le premier appareil à ſa
playe, on eut bien-tôt après
d'autres occaſions d'en voir
toute l'étenduë. Le réglement
de vie auquel elle s'étoit déja
aſſujettie, le partage qu'elle
avoit fait de ſes exercices de
piété, ces Prières particulieres
pour le matin & le ſoir, ce tems
marqué pour les lectures &

pour les Examens, ces intervalles de recuëillement pendant lefquels on la voyoit à genoux comme fi elle eût été immobile, étoient autant de preuves qu'elle n'ignoroit aucune pratique des vertus qui caractérifent les Saints, elle ne paffoit jamais aucun jour fans reciter le Rofaire de la Sainte Vierge ; & chaque Miftére étoit pour elle un fujet de Méditation, qui lui faifoit verfer des larmes de douleur ou de joye. Elle avoit, pour ainfi dire, fuccé avec le lait une fincére Devotion pour la Reine des Anges, & elle fe propofa toute fa vie d'en imiter les vertus afin de lui rendre un culte plus particulier & plus digne d'elle. En un mot dès fa plus tendre enfance,

les différens exercices de piété
lui étoient si familiers, qu'on
ne pouvoit s'empêcher de dire,
que tout étoit né en elle avec
le sentiment.

De quelques bonnes qualités
que l'homme soit doüé, il n'est
jamais exempt de défauts. Les
plus grands Saints s'en font
reconnus. Ce n'est que dans le
séjour qu'habite l'Etre souve-
rainement parfait, qu'on ne
trouve aucun mélange d'im-
perfection. La jeune fille,
quoique vertueuse, avoit des
défauts qui auroient bientôt
dégénéré en vices, si lorsqu'elle
s'en apperçut, elle n'eût donné tous ses soins à les corriger.
Naturellement portée à la vanité, & extrêmement sensible
à la gloire; elle sçut donner à
ce penchant un objet qui de-

vint une vertu. Elle ſe diſtingua , & fit gloire de remplir
ſes devoirs avec exactitude en
rapportant tout à Dieu. Ja-
louſe de ſe rendre de plus en
plus , agréable aux yeux du
Seigneur , elle embraſſoit avec
joye & avec ardeur tout ce
qu'on lui faiſoit enviſager de
plus parfait que ce qu'elle
s'étoit elle-même propoſé.

Sa mere l'anima ſouvent par
la promeſſe que Dieu l'aime-
roit, à proportion de ce qu'elle feroit pour lui plaire ; &
elle eut toujours la ſatisfaction
de voir redoubler ſon empreſſement , à s'acquitter de ce
qu'elle lui preſcrivoit. Les
amuſemens ordinaires des enfans ne furent jamais de ſon
goût, elle fuyoit juſqu'à la
compagnie de ſes ſemblables.

& préféroit la retraite & la so-
litude à ce qui est ordinairement l'objet le plus attrayant
dans un âge qui paroit con-
sacré à la dissipation. Déja
renfermée en elle-même, elle
prenoit plaisir à écouter la
voix intérieure de l'Esprit St.
qui se faisoit entendre au fond
de son cœur, & qui lui apprenoit à marcher dans le sen-
tier étroit de la vertu, & à vaincre les obstacles qui s'y ren-
contrent. La retraite dans laquelle elle vivoit déja, la fit
nommer la petite solitaire ;
ce nom lui étoit en effet très-
convenable. Elle n'avoit d'autre satisfaction que celle d'être
seule avec son Dieu ; si la bien-
séance exigeoit qu'elle parût
quelque-fois en compagnie,
elle n'y venoit jamais qu'après

en avoir reçû l'ordre de ſa mere.

Mais alors, quelle modeſtie dans ſes ajuſtemens & dans ſes maniéres ! Quelle retenuë dans toute ſa conduite ! Un âge auſſi peu avancé n'en paroiſſoit pas ſuſceptible Elle étoit alors le modéle de ſes compagnes. Sa douceur ſçavoit arrêter leur humeur pétulante. Les perſonnes les plus conſommées ne la voyoient même qu'avec une ſorte d'admiration , & quelquefois les plus graves avoient honte de ce qu'une jeune fille leur donnoit des leçons de retenuë.

Sans ceſſe occupée du ſoin de faire de nouveaux progrès dans la voye de la perfection, elle étoit toujours plus empreſ-ſée de ſe rendre aux inſtructions publiques, & on pouvoit s'appercevoir aisément de l'utilité qu'elle sçavoit en retirer. Peu satisfaite d'y assister régulierement, elle n'oublioit rien pour y attirer ses compagnes, en leur représentant que c'étoit-là pour elles une obligation indispensable.

Plusieurs regardoient la retraite à laquelle elle s'étoit condamnée, & le recuëillement continuel dans lequel elle tâchoit de se maintenir, comme l'effet d'une sombre mélancolie. Ils conseillerent à ses Parens de lui faire changer d'air ; on lui en parla, l'obéissance qu'elle devoit à ceux qui l'avoient mise au monde, arracha seule le consentement qu'elle donna au séjour qui lui fut proposé d'aller faire auprès

d'une de ſes Tantes. On s'é-
toit perſuadé qu'elle s'y éga-
ïeroit ; on ne tarda pas de reconnoître qu'elle ne trouvoit
de recréation qu'en Dieu , &
qu'elle n'avoit point de converſation plus agréable qu'avec
le Ciel. Rien ne l'emportoit ſur
ce qu'elle croyoit devoir au
Seigneur ; aucun autre motif
ne pouvoit la faire agir ; que
de ruſes , mais ſaintes , n'em-
ploya-t'elle pas chez ſa Tan-
te , pour ſatisfaire à ſa dévotion ? Que de moyens pour ſe
livrer à l'Eſprit de Dieu , qui
la dirigeoit dans toutes ſes
actions.

Dès l'âge le plus tendre , elle
n'avoit eu que du dégoût pour
tout ce qui s'appelle amuſement de ſaiſon ; à meſure
qu'elle grandiſſoit , elle eut

une répugnance extrême pour tout ce que le Monde ne regarde que comme un divertiſſement honnête ; car c'eſt ſur ce pied-là qu'on eſtime ordinairement le bal & les danſes. La jeune fille en avoit une idée bien différente : elle ne croyoit rien de plus dangereux à la vertu des perſonnes de ſon ſexe ; & elle ne put s'empêcher de le témoigner, comme on va le rapporter.

De retour chez ſa mere, bien loin de lui voir cet enjoûëment, ſi ſatisfaiſant dans les filles de ſon âge, & que les Parens ſont ſouvent les premiers à exciter, elle parut encore plus ſérieuſe & plus retirée qu'auparavant. Dans ſa jeuneſſe, Mademoiſelle Rampalle n'avoit point haï les compagnies; elle s'étoit même amusée dans ces parties , que le monde semble avoir uniquement con- sacré aux plaisirs , dans cer- tains tems de l'année. Solli- citée par ses belles-Sœurs qu'on avoit invitées à une de ces par- ties , elle eut la complaisance de permettre qu'elles y ame- nassent sa fille , sous le prétexte spécieux de la distraire. Le res- pect , que la jeune fille portoit à sa mere , ne lui permit pas de se plaindre de l'affliction que lui causoient des ordres , ausquels elle auroit bien sou- haité de se soustraire. Il en coûta cher à son cœur. C'é- toit forcer ses inclinations d'une maniére extraordinaire : Aussi , quand on lui dit qu'il falloit suivre ses Tantes , que de soûpirs n'étouffa-t'elle pas , pour cacher une répugnance, qui auroit pû être regardée comme un manque de soumiſſion !

Elle ſe laiſſe donc conduire au bal ; elle entre dans cette aſſemblée, l'empire de la joye du Monde & le ſéjour de la diſſipation, pour ne pas dire du deſordre ; mais à peine s'eſt-elle apperçûë du peu de modeſtie, des perſonnes de ſon ſexe, qu'elle croit voir une Image de l'enfer. Elle ſe hâte d'en ſortir, & l'abondance de ſes larmes force enfin ſes Tantes à la ramener chez ſa mere.

Elle fuyoit avec la même célérité, dans toutes ſortes d'occaſions, tout ce qui n'eſt qu'un véritable amuſement, quelque innocent qu'il fût en lui-même & dans l'uſage qui s'en faisoit. Parloit-on en sa présence des affaires du Monde, son cœur se revoltoit ; on voyoit avec quel ennui, quelle gêne elle en étoit témoin : changeoit-on de conversation & parloit-on des choses spirituelles, son attention étoit extrême ; c'est alors qu'elle paroissoit enjoüée : il falloit avec elle toujours parler de Dieu, si l'on vouloit la satisfaire.

Mais dans quel recuëillement ne la voyoit-on pas dans les Eglises & sur tout dans le tems des Sacrés Mistéres ? Sa mere l'y conduisoit ordinairement ; & toute autre personne qui l'eusse accompagnée ne lui auroit jamais procuré tant de satisfaction : aussi lorsque quelque affaire imprévûë obligoit

Mademoiselle

Mademoiselle Rampalle , à
fortir , & que dans cette circonftance elle allât entendre
la Meffe fans fa fille , la Mere
Jeanne de Jefus, lui reprochoit
à fon retour qu'elle ne l'aimoit pas puifqu'elle la privoit
de la confolation , de joindre
dans cette occafion fes Prières
aux fiennes.

Pendant qu'elle étoit chez
la Parente dont il a déja été
parlé , cette femme ayant enfin compris qu'on lui faifoit
violence , en voulant l'obliger
à fortir , avoit voulu découvrir le motif d'une pareille
gêne ; elle a rapporté dans la
fuite l'avoir fouvent furprife
en oraifon & avoir toujours
remarqué qu'elle prenoit un
foin extraordinaire de cacher
toutes fes bonnes œuvres. On

connut tout le tems de sa vie,
que cette Sainte fille , n'avoit
point trouvé de moyen plus
efficace pour se précautionner
contre lavanité, source trop ordinaire de l'amour propre, &
pour s'affermir dansl'humilité,
ce fondement solide de toutes
les autres vertus.

Le silence de la nuit étoit
pour elle une circonstance
favorable à ce pieux dessein.
Aussi en employoit-elle le tems,
aux divers exercices de Piété,
qu'elle s'étoit fait une Loi de
pratiquer. Au lieu de prendre
un repos si nécessaire à la nature, elle se levoit pour loüer
Dieu , pour méditer les vérités
éternelles : c'étoit alors qu'elle
se livroit aux rigueurs de la
Pénitence, assurée que le Ciel
seroit seul témoin de ses ac-

tions. Mais elle eût beau prendre toutes fortes de précautions pour cacher ce qu'elle vouloit qu'on ignorât, la ferveur de fon zèle trahit fon fecret. On fe douta de fes occupations, on chercha à s'en éclaircir, & on entendit plus d'une fois, que mêlant de profonds foupirs aux larmes qu'elle verfoit en abondance, elle demandoit pardon à Dieu des fautes les plus légeres. On oüit même les coups redoublés, des fanglantes difciplines dont elle déchiroit déja fon corps, pour expier fes fautes & accoutumer fa chair à être foumife à l'efprit. On ne pouvoit refufer des larmes de compaffion à l'état où fa ferveur la reduifoit dans ces fortes d'occafions ; mais on n'oſa jamais lui en parler dans la crainte de lui cauſer du chagrin.

Regardant l'Oiſiveté comme la ſource de tous les déſordres, elle travailloit de ſes mains, autant que ſon âge l'en rendoit capable ; & quoiqu'elle excellât en tout ce qu'elle entreprenoit , elle ne ſe piquoit point de paroître en ſçavoir plus que ſes compagnes. Quelque aſſidu que fût ſon travail , il n'occupoit jamais que ſes mains. Son eſprit étoit toujours en Dieu ; & ſouvent quand elle ſe trouvoit ſeule dans ſa chambre , elle repóſoit ſon ouvrage ſur une tête de mort qu'elle s'étoit procurée ; & là conſidérant ce qu'elle deviendroit un jour , elle ſe repréſentoit l'aveugle-ment des hommes, dont bien peu penfent à leur dernière heure. A la vuë d'un objet auffi effrayant, principalement pour les perfonnes de fon fexe, elle confidéroit combien la beauté que la plûpart chérif-fent avec tant d'ardeur ; com-bien les agrémens qu'elles tâchent de conferver avec tant de foin, qu'elles perdent avec tant de regret, & qu'une in-finité font fi fachées de ne point avoir, doivent être peu eftimé : combien même mé-prifés, puifqu'ils font fouvent les funeftes éceüils de la vertu. Elle aprenoit à la vûë de cet objet, que le feul défir de plaire au Seigneur doit être l'objet de leur empreffement, au lieu de chercher à parer un corps deftiné, à pourrir dans la poussiére du tombeau.

C'est en entrétenant ces
saintes & salutaires pensées,
qu'elle croissoit en sagesse &
en vertu, à mesure qu'elle
sortoit de l'enfance. Il lui fut
bientôt absolument impossible
de cacher ce qui se manifestoit malgré elle en toute sorte
de rencontres, soit par ses
discours, soit par ses actions;
on ne pouvoit frequenter la
maison de ses Parens sans
être édifié, & on étoit d'autant plus ravi d'admiration
que tout ce qu'on voyoit en
elle, tout ce qu'on entendoit
paroissoit fort au dessus de la
portée d'une fille de son âge.
L'amour Divin dont son cœur
étoit déja tout embrasé pous-
soit des flammes trop vives &
trop éclatantes pour qu'elles

puſſent être aiſément cachées ; & ſes paroles étoient accompagnées d'une onction ſi touchante , que ceux qui l'entendoient diſcourir auroient fait de vains efforts pour n'y être pas ſenſibles : auſſi ſe demandoit-on réciproquement quel jugement il falloit porter d'une fille auſſi admirable.

Il étoit donc facile de s'appercevoir qu'elle acqueroit tous les jours quelque nouveau degré de perfection ; mais de toutes les vertus qui lui étoient familiéres , on doit s'attacher ſpécialement à celle qu'elle chériſſoit avec le plus d'ardeur : C'étoit la pureté. Quel ſoin ne prenoit-elle pas pour la conſerver ! Peu ſatisfaite de veiller ſur ſes ſens avec l'attention la plus fcrupuleufe, elle évitoit avec foin tout ce qui auroit pû la détourner un feul inftant de cette attention. On la vit refufer de parler à de jeunes gens de fon âge qui étudioient avec fon frere, quoiqu'ils demeuraffent dans une même maifon avec fes parens. Il lui importoit peu qu'on l'accufât d'avoir une humeur farouche; il lui fuffifoit de ne rien faire qui pût déplaire au Seigneur, dont elle avoit continuellement la crainte devant les yeux. Un jeune homme de condition, pour qui fes parens avoient des déférences particuliéres, vint un jour leur faire vifite ; il voulut voir toute la Famille. La Mere Jeanne de Jefus ne fe fût jamais préfentée à lui, fi l'exprès commandement de sa Mere ne l'y eût obligée.

Quelque tems après ses parens se virent obligés de se retirer à Avignon. Ce nouveau séjour ne changea rien à leur maniére de vivre ; toûjours plus ardens à marcher dans le chemin de la vertu, ils suivirent le même réglement de vie qu'ils s'étoient formés depuis la Miſſion de 1582. Ils se choiſirent un Directeur dans la Compagnie de Jeſus ; & ce fut enſuite de ſon avis, que dans la réſolution de vivre dans un état plus parfait, ils firent vœu de garder la continence, & qu'ils se séparérent l'un de l'autre.

Mr. Rampalle se rendit en Savoye, & y termina saintement ses jours quelques années après, comme l'a attesté le Jésuite qu'il prit pour son Confesseur dans ces Païs-là. Son épouse se fixa dans Avignon, & se retira chez les Ursulines, qui y étoient établies depuis peu d'années par les soins de César de Bus Fondateur de la Congrégation de la Doctrine Chrêtienne; & elle y devint en peu de tems un exemple de vertu.

L'Institut des Ursulines avoit été fondé en 1537. par la Bienheureuse Angéle, qui assembla à Bresse des filles & des femmes vertueuses, & les mit sous la protection de Sainte Ursule. Leur principale occupation fut d'instruire les jeunes filles, de visiter les malades, & de consoler les affligés jusques dans les prifons & dans les Hôpitaux. Le Pape Paul IV. approuva cette Congrégation en 1544. & Grégoire XIII. permit en 1572. d'y introduire la clôture. Dès l'année 1587. cette Congrégation fut connuë en France par les foins de Françoife de Bermond, qui obtint des Bulles de Clement VIII. pour fon établiffement, & de - là elle fe répandit dans diverfes Provinces du Royaume.

La Mere Jeanne de Jefus ne tarda pas de fuivre dans la retraite celle qui lui avoit donné le jour. Elle n'étoit alors âgée que de huit ans ; mais fa jeuneffe ne fut point un obftacle à fa reception. Les bonnes qualités dont elle étoit doüée, cette prudence

qu'on voyoit fur tout reluire
en elle, & ce parfait recuëillement qui faifoit juger de
l'intérieur de fon ame, furent les titres qu'elle apporta
pour être reçûë dans la Communauté ; & quelque tems
après on lui donna le voile
que les jeunes filles portoient
dans la Congrégation.

Elle reçut avec un refpect
infini cet ornement précieux
qui la diftinguoit des perfonnes du fiécle. Elle regarda ce
voile comme un bouclier de
falut, & fe crut obligée en
le portant de travailler avec
plus d'application à plaire au
Célefte Epoux qu'elle avoit
choifi, en parant fon ame de
nouvelles vertus. Elle s'y attacha fi efficacement qu'ayant
atteint fa dixiéme année, fon
Directeur

Directeur, homme également
prudent & éclairé, jugea à
propos de la faire participer
au Mistére redoutable des
Saints Autels.

Dès-lors fortifiée par cette
manne céleste, elle fit tous
ses exercices avec une nouvelle ferveur. Elle profita de
toutes les graces qu'elle recevoit dans cet adorable Sacrement, & tout découvroit
en elle les progrès merveilleux qu'elle faifoit dans la
pratique des vertus. Elle fixa
le tems de son Oraison Men-
tales, de ses priéres, de ses
lectures, de son examen ; toutes les heures du jour & d'u-
ne partie de la nuit, furent
marquées par quelque nouvel
exercice de piété. Une seule
chose n'eut point de tems

fixé : La récréation ; elle n'en prenoit jamais aucune.

Tant de vertus ne pouvoient être long-tems renfermées dans l'enceinte d'une Maison où il y avoit un si grand nombre de témoins, qui ne pouvoient s'empêcher de les publier. François-Marie Tauruge Archevêque d'Avignon en fut informé en faisant sa visite Pastorale, & Gilbert Génébrard Archevêque d'Aix, en cherchant à s'instruire de ce qui regardoit le nouvel Institut des Ursulines. Ces deux Prélats virent la jeune Sœur Jeanne, l'interrogérent & furent étonnés de la sagacité de ses réponses sur les articles les plus difficiles de la Doctrine Chrétienne. Elle ne

leur parurent point une pro-
duction de cet esprit vain &
subtil, qu'on remarque quelque fois dans les jeunes gens;
ils les regardérent comme
fondées uniquement sur l'efprit qui vivifie.

Fidéle à s'acquiter des devoirs de l'état auquel la divine Providence l'avoit appellée, la Mere Jeanne de
Jefus diftribuoit déja par
des inftructions familiéres aux
jeunes filles à qui elle étoit
chargée de montrer à lire, le
pain d'intelligence dont elle
fe nourriffoit journellement;
& aidée par fa fœur Cathérine, qui avoit embraffé le
même Inftitut, elle tâchoit
de former à la piété le cœur
de ces enfans, en les accoû-
tumant de bonne heure au

travail & à la priére.

Elle avoit elle-même commencé de bonne-heure à affliger son corps par des auſtérités ; elle les redoubla à meſure que ſa complexion devenoit plus robuſte. Sa vie ne fut bientôt plus qu'un jeûne continuel ; ſa nourriture ne conſiſtoit que dans quelque peu de mets les plus groſſiers ; & elle s'en privoit même entiérement les jours d'abſtinence preſcrits par l'Egliſe ; un morceau de pain qu'elle mangeoit à une certaine heure lui ſuffiſoit pour ſa refection ; ſes veilles étoient en même-tems ſi fréquentes, qu'elle ne prenoit de repos, qu'autant qu'il lui en faloit pour ne pas ſuccomber entiérement. Sous des habits que

la modeſtie la plus ſcrupu-
leuſe n'auroit pas fait difficulté de porter ; elle cachoit
la haire, le cilice, des cein-
tures de fer, des croix, des
cœurs hériſſés de pointes ; &
par ces inſtrumens de pénitence elle crucifioit continuellement ſa chair.

Mais croira-t'on que tous
ces inſtrumens lui étoient
fournis par ſa propre mere ?
elle ſe trouvoit Supérieure
de la Communauté ; & cette
pieuſe femme, qui avoit of-
fert ſa fille au Seigneur au
moment qu'elle vit le jour,
tâchoit de la rendre une hoſ-
tie digne de lui. Sans ceſſe
occupée des ſouffrances de ſon
Divin Maître, elle croyoit
que la Sœur Jeanne ne ſeroit
agréable à ſes yeux que lorſ-

qu'elle y participeroit, & ne se contentant pas de lui inspirer l'amour des souffrances, elle cherchoit elle-même à lui procurer les moyens de souffrir ; La sainte fille avoit en cela un double merite, celui des souffrances, & celui de l'obéiffance.

Des jeunes filles confiées aux foins d'une Communauté, gouvernée par une perfonne aussi pieufe, & compofée d'autres qui s'éfforçoient de fe furpaffer reciproquement dans la pratique des vertus les plus éminentes, ne pouvoient que recevoir de falutaires inftructions, & profiter d'une éducation veritablement chrêtienne. La nouvelle s'en répandit dans les Villes voifines d'Avignon.

Plufieurs enviérent fon bonheur. Les peres & les meres qui vouloient avoir des filles élévées dans cet efprit, s'empreſſérent de les placer dans la Communauté de Ste. Urfule, & eurent la confolation de les trouver enfuite formées felon leurs défirs.

Les Magiftrats d'Arles par une infpiration particuliére du Ciel, chargérent en 1602. un Jéfuite qui avoit prêché le Carême dans la Métropole de cette Ville, de leur procurer quelques perfonnes, aufquelles on pût confier l'éducation des jeunes filles, & les élever dans la pieté, en leur montrant à s'occuper conformément à leur féxe. Le Jéfuite communiqua à la Supérieure de la Communauté de Ste. Urfule d'Avignon le deffein des Confuls d'Arles. C'étoit une occafion trop favorable d'étendre l'Inftitut pour ne pas l'embraffer. Il fut refolu unanimement de fe prêter aux vûës des Magiftrats d'Arles. Il ne fut queftion que de choifir celles qui iroient jetter les fondemens du nouvel établiffement. Les voix fe réunirent en faveur de la Mere Delphire Lanfreze, & on lui affocia fes deux filles, Jeanne & Cathérine Rampalle, & deux de fes niéces Honorée Defiré & Agnés Rampalle, que l'exemple de la Sœur Jeanne avoit attirées dans la Communauté d'Avignon.

Tout étant difpofé pour leur départ, elles prirent avec

joye le chemin d'Arles, déja impatientes d'inſtruire les jeunes filles qu'on devoitleur confier, & de ſe retrouver en Communauté ſelon les régles de leur Inſtitut. Leur pieux deſſein eut tout le ſuccès qu'elles pouvoient en attendre. Malgré les grandes difficultés qu'elles eurent à vaincre dans l'exécution, elles ne ſe rébutérent jamais, & tâchérent de les applanir par leur patience & leur fermeté, dans la penſée que ſi Dieu approuvoit leur entrepriſe, elles triompheroient de tous les obſtacles.

Ce fut le 2, d'Octobre de la même année 1602. que cette nouvelle Famille arriva à Arles. Les Dames de cette Ville reçûrent les Sœurs avec

des démonſtrations extraordinaires de joye ; mais tous ces
empreſſements ne leur procu-
rérent pas des avantages fort
conſidérables. Ces Saintes filles pûrent même bientôt reconnoître le peu de fonds qu'il
faut ſouvent faire ſur la ſin-
cérité la plus apparente.
Quoiqu'appellées pour l'utilité des habitans, & qu'elles
témoignaſſent combien elles
déſiroient d'y contribuer par
leur attention à s'acquitter
de ce qu'on pouvoit exiger
d'elles, on les logea dans une
maiſon non-ſeulement très-
pauvre ; mais même des plus
incommodes. Elle étoit preſ-
qu'ouverte de toute part ;
l'on ne ſe preſſa pas d'y faire les réparations néceſſaires ;
& elles y paſſerent l'hyver ;

qui cette année fut extrêmement rude, par la quantité
de neige dont la terre fut
couverte, sans avoir dequoi
se garantir de la rigueur de
la saison.

La Sœur Jeanne en particulier
se trouva logée immédiatement
sous un toit plein de crévas-
ses ; & la neige tomboit souvent sur son lit pendant le
peu de repos qu'elle y prenoit. Une situation aussi dis-
gratieuse ne fut pour elle
qu'un sujet de consolation.
Recherchant avec empressement toutes les occasions de
souffrir, elle essuyoit avec
une joye véritable, ce que
le Sauveur avoit lui-même
souffert dans la Créche où
il voulut naître pour le salut
des hommes. Si, à peine en-

dormie., la neige qui tomboit quelque fois jufques fur fon vifage, venoit à l'éveiller, elle fe levoit auffi-tôt, & paffoit le refte de la nuit, partie en priére, partie à travailler à des ouvrages deftinés au fervice des Autels.

Si les Dames qui venoient lui faire des vifites fréquentes, lui demandoient comment elle fe trouvoit; bien loin de fe plaindre de fa fituation, elle tâchoit de les perfuader qu'elle n'auroit pû en trouver une plus conforme à fes défirs, qu'elle fe bornoit à fuivre les exemples de pauvreté, d'humilité & de fouffrance que J. C. nous a tracés pendant tout le cours de fa vie. Ainfi une maifon, qui paroiffoit plûtôt deftinée

à servir de retraite aux ani-
maux, qu'à loger des créatures raisonnables, avoit pour
elle des attraits infinis, lui
présentant sans cesse l'idée de
l'humiliation dans laquelle un
Dieu fait homme avoit vê-
cu.

Ce fut enfin le 14. d'Oc-
tobre de la même année 1602.
que la Mere Jeanne de Jesus
commença d'exercer l'emploi
que la Providence lui avoit
destiné. On peut dire qu'elle parut comme un soleil nouveau pour dissiper les ténébres
qu'une ignorance superstitieu-
se avoit répanduës parmi le
Peuple de la Ville d'Arles.
Les soins de plusieurs Prédi-
cateurs n'avoient pû conserver
l'esprit du Christianisme que
cette Ville se vante d'avoir

reçû la premiére dans les Gaules, du tems même des Apôtres. Le nom du Seigneur y étoit à peine connu, ſes Miſtères étoient ignorés, ſes Temples preſque deſerts, les Sacremens ſi négligez, que ceux qui ſe piquoient le plus de régularité, croyoient faire beaucoup en les fréquentant deux ou trois fois dans une année; & les diſpoſitions néceſſaires pour les recevoir avec fruit étoient ſi peu miſes en pratique, qu'on auroit dit qu'ils les ignoroient entiérement.

Il n'en auroit pas tant fallu pour animer le zéle de la Mere Jeanne de Jeſus; elle ne ſe contenta pas de gémir en ſecret, comme autrefois le Prophête, ſur la ruine de Jeruſalem. Elle met la main à l'œuvre, travaille avec aſſidui-té à réparer le mal qui lui eſt connu, & à prendre la voye qu'elle juge la plus effi-cace pour diſſiper l'aveugle-ment de ceux qui vivent ſi peu conformément aux loix de l'Evangile.

Elle établit des conférences auſquelles lesperſonnes de tout âge, de tout ſexe & de tout état viennent avec empreſſe-ment pour profiter de ſes lu-miéres & de ſes exhortations; & pluſieurs en retirent bien-tôt des fruits merveilleux. Une confeſſion générale de toute la vie eſt le premier pas que les uns font vers le chemin de la vertu qu'ils ont pris la réſolution de ne plus abandonner; & s'appro-

chent enfuite de l'augufte Sacrement de nos Autels, la
plus éclatante marque que Jefus-Chrift nous ait donné de
fon amour, avec une piété
exemplaire : D'autres pratiquent la charité qu'ils ne connoiffoient pas auparavant, &
profitent de toutesles occafions
de l'exercer : Des Dames de la
plus haute naiffance ne rou-
giffent plus de fe conformer
aux préceptes de l'Evangile :
Plufieursignorant les premiers
Elémens de la Réligion , par
la coupable indolence de leurs
Parens. viennent s'inftruire
fous la Sœur Jeanne. Les meres conduifent leurs filles, &
veulentelles-mêmesprofiter des
inftructions d'une perfonne, à
qui elles veulent confier ces jeunes plantes pour qu'elle les

cultive. On la regarde bientôt comme un Oracle envoyé de Dieu, & une personne d'un rang distingué publie hautement que cette sainte fille a renouvellé la Foy dans Arles.

Cet empressement des personnes avancées en âge à venir entendre la Mere Jeanne, fait assés comprendre celui des peres & des meres à profiter d'une si belle occasion de faire élever leurs enfans. On en amenoit de toute part; & plus le nombre augmentoit, plus elle s'apliquoit à les instruire. Après avoir mérité les applaudissemens des gens doüés de toute leur raison, elle ne dédaignoit pas de s'attacher à des enfans : bien loin de les rebuter comme avoient fait les Apôtres avant que d'être inftruits par leur Divin Maître. Elle les recherchoit, les enfeignoit avec douceur, leur parloit avec affiduité, & proportionnoit fes difcours aux difpofitions qu'elle leur reconnoiffoit. Plufieurs des ces jeunes éléves profitérent fi bien des fecours & de l'exemple de la Mere Jeanne, qu'elles embrafférent dans la fuite la vie réligieufe, & s'appliquérent à la fuivre dans la route qu'elle leur frayoit pour atteindre à la plus haute perfection.

L'enfer ne fut pas long-tems fans faire éclater fa jaloufie contre un établiffement fi contraire aux vûës du Prince des Ténebres, & fans faire tous fes efforts pour arrêter le cours des heureux progrez qu'il lui voyoit faire d'un jour à l'autre ; il fufci-ta des orages. Mais Dieu qui veilloit à la conſervation de ce troupeau chéri, fit ſervir à. leur propre conſervation les perſécutions que le Demon employa contre les ſaintes filles. Les perſécutions com-mencérent par les meres de quelques-unes des filles qu'on élevoit dans la Communauté ; elles ſe plaignirent, & s'of-fenſérent même, des correc-tions qu'on avoit été obligé de faire à leurs enfans ; n'é-coutant que leur reſſentiment, elles attaquérent la réputa-tions des Sœurs de la Con-grégation ; & la Mere Jean-ne de Jeſus fut moins éparg-née que les autres. Leur ver-tu étoit cependant à l'abri d'insulte; mais ce fut leur maniére de vivre qu'on s'attacha le plus à critiquer. On parla de l'état de leur fortune, on leur prodigua les noms de misérables, de fanatiques, d'orgueilleuses, de fausses dévotes; & des femmes de Condition, du nombre de celles qui se déchaînoient ainsi contre la Congrégation, poussérent la passion jusqu'à se servir de termes, qui ne sont ordinairement en usage que parmi la populace la plus vile. Elles insistoient principalement sur ce qu'on laissoit les enfans dans l'ordure, qu'on les maltraitoit sans modération; elles soutenoient ces calomnies par les suppositions les plus malignes, & n'oublioient rien pour engager les Magistrats à renvoyer des gens qu'elles difoient avoir trompé le Public par les plus belles apparences.

À cette perfecution en fuccéda bientôt une autre d'un genre bien différent, qui fut très-fenfible à la nouvelle Communauté, particuliérement à la Mere Jeanne de Jefus. Un Maître à danfer né dans le Calvinifme, dont-on fouffroit pour lors en France l'exercice public en plufieurs endroits, logeoit auprès de la Maifon des Sœurs de Ste. Urfule; il n'avoit d'abord parlé qu'avec mépris d'un établiffement fi contraire à fon métier; il ne vit pas plûtôt que des gens d'un certain rang attaquoient les Sœurs, qu'il fe déclara publiquement leur ennemi; & dans toutes les oc-

cafions il fe déchaîna contre
elles. Mais tous fes difcours
auroient peu touché la Communauté, fi ce malheureux
n'eût attaqué que les perfonnes qui la compofoient.

Pour infinuer plus aifément
le vénin de l'héréfie qu'il tâchoit de répandre, il s'étoit
muni de quantité d'Exemplaires du Catéchifme, compofé
par le Miniftre du Moulin ;
& il les diftribuoit aux Filles
à qui il montroit à danfer,
lorfque par fes difcours em-
poifonnés, il leur avoit inf-
piré la curiofité de les lire.
C'étoit peu d'obfcurcir ainfi
leur efprit par les ténébres
de l'erreur, il tâchoit encore
de gâter leur cœur par la
lecture des Romans les plus
dangereux qu'il leur mettoit

entre les mains, sous prétexte de les amuser. Elles ne manquoient pas de les lire avec avidité ; les avantures piquoient leur curiosité ; & les impressions que cette lecture donna à quelques-unes, ne se manifestérent que trop dans les suites.

Cet homme, très-habile dans sa profession, avoit un talent particulier pour faire profiter ses éleves ; c'est tout ce que recherchoient les Parens qui faisoient apprendre cet exercice à leurs enfans. Pendant un certain tems peu reconnurent le danger auquel ils les exposoient ; & leur inadvertance à ce sujet n'a toûjours été que trop commune dans le monde, & n'a eu que trop souvent des effets funes-

tes ; auffi ne doit-on pas être
furpris qu'un grand Pape ait
donné de nos jours une Bulle,
pour défendre aux perfonnes
du Sexe d'aprendre à chanter
ou à joüer des inftrumens,
d'un Maître d'un fexe different , à caufe des inconve-
niens qui en refultent.

Celui dont il eft ici queftion mettoit tout en ufage
pour exciter les Habitans d'Arles contre les Sœurs de Sainte
Urfule. Elles n'étoient point
encore alors cloîtrées ; s'il en
rencontroit quelqu'une dans
les ruës, il leur infultoit publiquement ; & il les mit enfin
dans la nécessité de ne rien
tant apréhender que fa rencontre. La Mere Jeanne de
Jefus étoit feule tranquille au
milieu de cette tempête , pour

ce qui la regardoit perſonnel-
lement, quoique le Maître à
danſer en voulût à elle encore plus particuliérement
qu'à ſes compagnes ; les inſul-
tes qu'elle en recevoit la com-
bloient même de joye , elle
étoit ravie de pouvoir ſouffrir
les plus grands opprobres, &
les affronts les plus ſanglans
pour le Nom de Jeſus-Chriſt.
Une ſainte confiance en ſon
Saint Nom la rendoit invin-
cible dans toutes les attaques
qu'elle avoit à eſſuyer ; & ſa-
chant que Dieu ne permet jamais que nous ſoyons tentez
au-delà de nos forces, elle eſ-
peroit qu'il prendroit enfin
ſa cauſe en main , & la déli-
vreroit de l'oppreſſion.

Cette eſperance ne fut pas
vaine ; les mauvais diſcours

de ces Meres qui murmu-
roient des corrections que l'on
faisoit à leurs enfans, ne firent
bientôt plus impression. Plusieurs furent même les premieres à reconnoître la solidité de
la conduite des Sœurs de la
nouvelle Congrégation ; & se
virent convaincuës de l'utilité
de leur établissement: cet homme qui avoit servi d'instru-
ment au Démon pour sémer
la division dans la Ville, &
qui n'avoit rien oublié pour
les faire congédier, fut lui-
même honteusement chassé
d'Arles. Ce scélerat avoit mis
le comble à la mesure de ses
crimes ; il fut arrêté comme coupable, d'un crime
qui méritoit le dernier supli-
ce : Dieu qui ne veut jamais
la mort du pécheur, permit

que ſes Juges ne le condam-
naſſent qu'a être fuſtigé par
la main du Bourreau, & à un
banniſſement perpétuel ; il
voulut lui donner le tems de
rentrer en lui-même, de re-
noncer à ſes erreurs, & de
faire pénitence en réparant le
mal qu'il avoit occaſionné.
Mais ce qui eſt ſurtout re-
marquable, c'eſt que ce malheureux reçut une partie du
châtiment devant la Maiſon
des Sœurs de Sainte Urſule :
ce que tous les gens de bien
regardérent comme une ſatisfaction éclatante pour toutes
les calomnies dont il avoit
tâché de les noircir.

La Mere Jeanne de Jeſus
fut néanmoins touchée de
compaſſion ; elle plaignit le
ſort de cet homme, que tout

le monde regardoit comme
puni bien légerement. S'ima-
ginant qu'elle étoit peut-être
la caufe de fa condamnation,
elle verfa des larmes fur fon
malheur. Elle ne croyoit pas
qu'on dût le punir à fon occafion, quelque coupable qu'il
eût été envers elle ; & il n'eft
rien qu'elle n'eût fait pour
lui épargner le fuplice auquel
il avoit été condamné, s'il lui
eût été poffible.

Cet orage une fois diffipé,
la Congrégation fut regardée
comme un des plus grands
avantages qu'on eût pû procurer à la Ville d'Arles. Gaf-
pard de Laurens, qui en occupoit avec dignité le Siége
Archiépifcopal, & qui avoit
d'abord porté un jugement favorable de cet établiffement,

lui donna une approbation autentique. La Mere Delphine,
qui se voyoit dans un âge
avancé, ne se croyant plus
propre à soûtenir le poids du
gouvernement, voulut s'en décharger sur sa Fille; mais aucune considération humaine
ne fut capable de la déterminer à ce choix. Elle connoissoit parfaitement tout le
mérite de la Sœur Jeanne; les
soins qu'elle avoit pris de son
éducation, les progrès qu'elle
lui avoit vû faire chaque jour
dans la vertu, étoient des ga-
rans trop certains de sa capa-
cité, pour ne pas lui confier
une Communauté qu'elle édi-
fioit dans toutes les occasions.
Elle savoit d'ailleurs à quel
point on l'estimoit dans la
Ville, & elle prévoyoit com-

bien feroit agréé un choix,
qu'elle envifageoit comme un
nouvel avantage pour les jeunes perfonnes confiées aux
foins de la Congrégation. Elle
communiqua fa réfolution à
l'Archevêque; & faifant le portrait de fa Fille, elle dépeignit cette prompte obéïffance,
par laquelle la Sœur Jeanne
avoit appris à commander aux
autres : Elle découvrit cette
humilité profonde, qui lui
faifoit rechercher les emplois
les plus vils : Elle étala cette
charité, ce zéle qui fe manifeftoit dans les inftructions
qu'on la chargeoit de donner, & dans les exhortations
qu'elle faifoit aux jeunes éleves qu'elle dirigeoit : Sa folide pieté, fes aufteritez furent
dévoilées en cette occafion :

& la Mere Delphine ne crut pas qu'on l'acousât de vaine complaisance dans ce portrait.

Les vertus de la Sœur Jeanne n'étoient pas inconnuës au Prélat; il consentit sans peine à la voir Supérieure d'une Communauté, qui soûpiroit deja après l'heureux moment où elle seroit sous sa direction, depuis que la Mere Delphine lui avoit fait part de son dessein: mais combien n'en eut-il pas à déterminer cette sainte Fille, à se charger d'un fardeau aussi pesant. Ce n'est pas qu'elle craignît la peine & le travail; Elle montroit assez que rien ne lui coûtoit, quand il s'agissoit de la gloire de Dieu; & l'on ne pouvoit pas la soupçonner de ce rafinement d'orgueil, qui se cachant sous le voile artificieux de l'humilité, affecte de refuser un emploi qu'il désire passionnément.

La conduite de la Mere Jeanne de Jesus, fit bientôt voir qu'elle n'ignoroit pas qu'il ne faut ni désirer, ni craindre avec excès la Supériorité, & que le bon exemple est le premier devoir attaché à cet emploi. Elle montra avec quelle charité doit agir une Supérieure envers les personnes qui sont sous sa conduite, & qu'elle ne doit pas se borner à des airs gracieux, à des paroles obligeantes, à des manieres polies. Instruite de la vigilance continuelle qui est nécessaire, elle s'apliqua à connoître ce

qui se passoit dans la Maison, à examiner si Dieu étoit
servi, si le temporel étoit ad-
ministré avec fidélité & avec
œconomie, si la paix y regnoit, si le bon ordre y étoit
gardé, si les inférieures s'ac-
quittoient de leurs devoirs
avec exactitude ; & passant
de cette attention générale à
ce qui regardoit chaque particuliere, elle veilloit non-
seulement elle-même, mais
encore par le moyen des autres, profitant des lumiéres
de celles qui pouvoient l'informer de ce qu'elle ne pouvoit voir de ses propres yeux.

Persuadée que les correc-
tions sont une suite nécessaire de la vigilance, & que, suivant les circonstances, il faut
employer la douceur ou la

févérité, elle favoit fe regler
fur la nature des fautes &
fur le caractére des efprits.
Elle connoiffoit par ce moyen
quand eft-ce que la correction
pouvoit devenir utile, ou nui-
fible, & quand eft-ce qu'il
étoit néceffaire de marquer
beaucoup de fermeté. La foibleffe, l'inconftance, la mol-
leffe, l'exceffive facilité ne
lui étoient connuës que pour
les éviter avec foin; & par-
tout la prudence du ferpent
accompagnoit la fimplicité de
la Colombe.

Elle ne fut jamais embar-
raffée pour mettre en ufage
les moyens propres à conferver la paix; mais par le feul
motif d'une humilité qui n'é-
toit point équivoque, cette
fainte Fille ne vouloit point ac-

cepter la Supériorité. Elle croyoit la moindre de ſes Compagnes infiniment plus propre qu'elle au gouvernement, & elle trouvoit plus de mérite & de conſolation à obéïr, qu'à commander.

Mais elle eut beau proteſter de ſon incapacité, le Prélat n'eut aucun égard aux inſtances qu'elle lui fit de la laiſſer vivre en ſimple particuliére ; il la nomma Supérieure ; & lorſqu'il eut parlé, l'obéïſſance qu'elle lui devoit la fit conſentir ſur le champ à prendre un emploi qu'elle auroit conſtamment refuſé, ſi elle eût pû ſe diſpenſer de l'accepter.

Lorſqu'elle fut à la tête de la Communauté, avec quel éclat ne vit-on pas dès-lors briller les vertus dont elle

avoit déja donné des exemples fi frapans , & furtout
celles qui étoient propres à
ce nouvel état. Elle devint
pour fes Sœurs un vrai modéle de perfection, & leur émulation en fut une preuve des
plus marquées ; il ne falloit
pour s'en convaincre, que faire attention à la vie qu'elles
menoient fous la conduite de
la Mere Jeanne ; chaque heure de la journée avoit fon
exercice particulier, & la gloire de Dieu étoit le feul &
unique but qu'elles fe propo-
foient. Aux mortifications ex-
térieures , elles en ajoûtoient
d'intérieures encore plus grandes ; elles regardoient l'inftruction de la Jeuneffe, qui
faifoit une de leurs principales occupations , comme un

de leurs premiers devoirs; &
elles y donnoient toute leur
attention : Elles se représen-
toient sans cesse que Dieu
leur demanderoit un compte
rigide d'un emploi aussi im-
portant, quoiqu'une infinité
de personnes n'en fassent pas
beaucoup de cas; & quoi-
qu'il s'en trouve même qui
méprisent ceux qui en sont
chargez. L'Oraison Mentale
avoit son tems, les Examens
généraux & particuliers, les
Retraites, les Chapitres où
la Supérieure avertissoit les
Sœurs de ce qu'elle avoit
aperçû de défectueux : En
un mot tous les exercices de
la vie religieuse, se succe-
doient reguliérement les uns
aux autres; & il auroit été
impossible de voir une Com-

munauté plus réguliére, quoique ces Filles ne fuſſent non-ſeulement pas encore cloî-trées , mais même liées par les vœux ſolemnels.

Toûjours précédées par la Mere Jeanne dans la carriére de la vertu , chacune en par-ticulier faiſoit tous ſes efforts pour l'atteindre , & la regardoit comme une Mere ten-dre & compatiſſante. Elles lui ouvroient leur cœur avec une entiere confiance , lui communiquoient leurs diſpo-ſitions intérieures, & avoient pour les avis qu'elle leur donnoit la déférance la plus reſpectueuſe. Ses paroles étoient autant d'oracles dont elles ſuivoient la voix avec une extrême exactitude ; & cette digne Supérieure qui

connoiſſoit parfaitement ce
que chacune étoit capable de
faire, ſavoit toûjours pro-
portionner à leurs forces ce
qu'elle leur preſcrivoit.

Dans le deſſein où elle étoit
que la Congrégation fût éri-
gée en Ordre Religieux, elle
commença par procurer à la
Communauté une Chapelle
domeſtique, où les Sœurs
pûſſent entendre journellement la Meſſe & y faire
leurs devotions, ſans être obligées de ſortir. L'Archevêque
d'Arles qui prenoit toûjours
plus de confiance en elle, &
qui voyoit avec joye que ces
ſaintes Filles s'appliquoient
avec fruit à l'inſtruction de
la Jeuneſſe, accorda volontiers la permiſſion de bâtir
un Oratoire dans leur Mai-

ſon ; mais les ſoins de la Supérieure ne ſe bornerent pas
à ce qui regardoit cette Chapelle domeſtique. Pleine d'ardeur pour l'avancement ſpirituel de ſes Filles, & convaincuë que l'unité d'un Directeur entretient dans une
Communauté celle des ſentimens, d'où dépendent la
paix & la tranquillité qui
doivent y regner, elle s'attacha à trouver un de ces Maî-
tres capables d'enſeigner la
voye de Dieu dans la verité.

Les Peres de la Doctrine
Chrêtienne établis à Aix dépuis quelques années, étoient
dans une grande réputation ;
elle crut devoir s'adreſſer à
eux ; & ſur la demande qu'-
elle fit à leur Supérieur, on
lui envoya un homme, qui,

à une pieté exemplaire, joignoit une science profonde de tout ce qui regardoit la Direction des ames, & par conséquent très-propre à gouverner la conscience des Sœurs de la Congrégation. L'Archevêque d'Arles connoissant le mérite de ce Directeur, lui accorda ses pouvoirs avec joye; & la Mere Jeanne le reçut comme l'Ange Tutélaire de sa Communauté. Elle le logea avec son Compagnon, & le Domestique qu'ils avoient pour les servir; & pourvut à leur entretien, jusques à ce qu'enfin, pour décharger la Communauté de ce soin, l'Archevêque voulut y contribuer lui-même par ses liberalités.

Sous un Directeur aussi

prudent & auſſi éclairé, les
ſaintes Filles firent bientôt
de nouveaux progrès dans la
pratique des vertus; la Mere
Jeanne de Jeſus les ſurpaſſa
toûjours par toute ſorte d'endroits; mais ſoit humilité, qui
ne pouvoit être plus grande,
lui faiſoit cacher avec art ſes
perfections. Elle tâchoit même de ne pas les découvrir à
ſon Confeſſeur; & elle n'en
approchoit jamais qu'elle ne
s'accuſât d'être une miſerable
péchereſſe, incapable de faire un pas dans la bonne voye:
,, Je ſuis, diſoit-elle, un amas
,, de vices & d'ordures; ,, &
elle penſoit véritablement être
telle. Dans cette idée, ne croyant pas avoir rien de bon,
dans l'intérieur, elle gardoit
toûjours un profond ſilence à

cet égard. Le Directeur avoit trop de lumiéres pour ne pas pénétrer que l'humilité l'empêchoit de faire connoître le don de Dieu ; elle eut beau prendre toute forte de précautions, fes vertus trop éclatantes ne pûrent demeurer long-tems cachées. Le Directeur en fut lui-même éblouï le premier, & déclara fouvent à des gens d'un mérite diftingué, qu'il n'avoit jamais trouvé un jugement plus folide, un cœur plus vifiblement dirigé par l'Efprit Saint, & un efprit plus capable des révélations les plus fublimes qu'en cette fainte Fille.

Bien des perfonnes, à qui le fecret de la confcience de la Mere Jeanne étoit impénétrable, en eurent la même

idée : Malgré ſes efforts, ſon
mérite la trahiſſoit ; une modeſtie toûjours peinte ſur ſon
viſage ; une gravité ſimple
qu'on voyoit dans toute ſa
conduite ; des diſcours pieux
& pleins d'onction qui ſor-
toient de ſa bouche : Tout faiſoit conjecturer qu'elle avoit
des communications intimes
avec Dieu : C'étoient là autant d'attraits auſquels les
cœurs les moins diſpoſez à
écouter la voix du Seigneur
ne pouvoient réſiſter. Combien
de Filles, qui déja imbûës
des maximes du Monde bor-
noient toute leur étude à s'y
conformer, furent détrom-
pées par la Mere Jeanne de
Jeſus, & embraſſérent le par-
ti de la retraite ? Combien de
veuves dans un âge où le

agrémens de leur séxe étoient encore dans tout leur éclat, renoncérent à des partis avantageux, pour venir se mettre sous sa conduite.

Les afflictions ont toûjours été le partage des Elus ; la Mere Jeanne de Jesus en eut ausquelles elle auroit dû être d'autant plus sensible, qu'elles interrompoient les soins qu'elle donnoit à sa Communauté. A peine fut-elle nommée Supérieure, qu'elle se vit sujette à des infirmitez, dont la Faculté ne put jamais connoître le principe ; rebelles à tous les remedes qu'on employa, elles ne finirent qu'avec sa vie. C'étoient des douleurs aiguës dans les reins, des coliques dont la violence la reduisoit souvent aux extrêmi-

tez : C'étoient des maux & des
foiblesses d'estomach , & des
ardeurs dans la poitrine que
rien ne pouvoit calmer ; elle
avoit des douleurs de tête accompagnées de vertiges & de
bourdonnemens d'oreilles insuportables; elle ressentoit des
maux de gorge, qui l'empêchoient de prendre les alimens
les plus liquides, & elle souffroit même infiniment pour
avaler sa salive : Sa bouche &
ses gencives étoient pleines
d'ulceres ; pendant qu'une fiévre ardente , suivie d'une in-
somnie presque continuelle la
consumoit insensiblement.

Son esprit seul étoit libre
au milieu de tant de souf-
frances ; elle l'avoit continuellement en Dieu ; elle lui of-
froit ses douleurs , & le con-

juroit fouvent de les augmenter, bien loin de marquer la
moindre impatience pendant
trente années qu'elle fut prefque toûjours obligée de garder le lit. Sa chambre, toûjours fermée à la lumiere du
Soleil, n'étoit éclairée que
par la feule lueur d'une lampe qu'on y entretenoit nuit
& jour allumée, afin de pouvoir lui donner les fréquens
fécours dont elle avoit befoin:
mais fecours qui n'aportoient
aucun foulagement à fes maux.
Cette chambre reffembloit
bien plûtôt à un fépulchre,
qu'à la demeure d'une perfonne vivante : auffi peut-on
dire que la Mere Jeanne étoit
entiérement morte à elle-même, lorfqu'on la voyoit auffi
tranquille, que fi elle n'eût

pas reſſenti le moindre mal.
Ce n'eſt pas qu'on ne l'enten-
dît quelquefois ſoûpirer ;
mais ces ſoûpirs étoient toûjours ſuivis de ces ſaintes ex-
preſſions, " Jeſus, aidez-moi.
„ Vierge Sainte, aſſiſtez-moi. "

On ne ſauroit encore don-
ner une idée aſſez parfaite de
la vertu de la Mere Jeanne,
par le détail de tous les maux
qu'elle ſouffroit avec patience. Convaincuë par ſa propre
expérience, perſuadée même
par l'aveu des Médecins, que
les remedes lui étoient plus
pernicieux que profitables, &
brûlant de ſouffrir toûjours
plus pour ſon Dieu, elle prenoit avec plaiſir tous ceux
qu'on lui ordonnoit de quelque eſpéce qu'ils fuſſent. Il
s'en trouvoit qui extraordinairement

rement chauds, lui caufoient des ardeurs infuportables ; & il y en avoit de contraires, qui éteignoient prefque entierement la chaleur naturelle ; elle regardoit cette contrarieté, comme de nouvelles difpofitions de la Providence, qui ne vouloit pas qu'elle trouvât le moindre foulagement.

Cet état douloureux & languiffant n'étoit pas toutefois préjudiciable à fes Filles. Quoiqu'accablée d'infirmitez, elle avoit également foin du temporel & du fpirituel de la Maifon ; & la perfonne la mieux conftituée, & dont la fanté auroit été la plus parfaite, n'auroit pû y apporter une attention plus vigilante. Dans fa plus foible convalefcence elle fe rendoit affiduë aux exercices de la Communauté; & elle y étoit toûjours la premiere : lorfque la violence du mal ne le lui permettoit pas, fes paroles & fon exemple étoient pour fes Filles des leçons continuelles de patience, d'amour de Dieu & de refignation à fa divine volonté.

Pour peu que fes douleurs calmaffent, au lieu de profiter de ces intervalles pour prendre quelque repos, elle les employoit à régler les affaires de la Maifon; & un quart d'heure de tems lui fuffifoit pour en expédier autant qu'un autre auroit pû faire dans toute une journée. Cette application augmentoit fouvent fes maux : Ses Filles

la conjuroient envain la larme à l'œil, de ne pas augmenter ſes peines par des ſoins qu'elle pouvoit s'épargner ; elle leur répondoit avec une fermeté égale à ſa douceur naturelle, qu'elle méritoit de ſouffrir infiniment plus pour expier ſes fautes, qu'elle qualifioit d'énormes. Elle ajoûtoit que ſi Dieu ne la connoiſſoit pas auſſi foible, il la puniroit bien plus rigoureuſement ; " mais, diſoit-
„ elle, le Seigneur connoît
„ mon peu de forces ; & par
„ un excès de bonté il me
„ ménage quelques momens
„ de relache ; n'eſt-il pas juſ-
„ te que je les employe pour
„ ſa gloire, & ſelon les deſ-
„ ſeins qu'il a ſur moi ? „ Elle
faiſoit ainſi ſervir le mal, à

acquerir de nouveaux biens,

Animée d'un zéle extraordinaire pour sa Congrégation, qu'elle regardoit comme la Maison du Seigneur, rien n'étoit capable de lui faire perdre un des momens de relache que la Providence vouloit lui accorder dans ses maux habituels. C'étoit alors qu'elle se faisoit communiquer les Papiers qui regardoient la Maison ; & elle disoit son avis avec tant de précision, que les plus habiles Avocats en étoient surpris ; ils ne comprenoient pas comment une personne que d'aussi grandes infirmitez accabloient presque continuellement, & qui souffroit par intervalle de si vives douleurs, pouvoit conserver une si grande présence d'efprit, que rien n'échapoit à fa pénétration : plufieurs avoüoient que malgré toute leur attention, ils n'auroient jamais été capables de décider comme elle dans certaines affaires.

Il étoit véritablement furprenant qu'une fille, qui dès le berceau n'avoit été occupée que de dévotion, qui n'avoit acquis aucune connoiffance des affaires temporelles, pût en parler avec autant d'exactitude & une auffi parfaite intelligence. Mais, pouvoit-on fe difpenfer de la croire auffi expérimentée? La connoiffance de Dieu, qu'elle avoit recherchée uniquement, lui avoit procuré celle des affaires du Monde : puifque c'eft le Seigneur qui donne la

science, comme dit le Roi
Prophéte : " Heureux celui
„ que le Seigneur veut bien
„ inſtruire, & à qui il a en-
„ ſeigné ſa Loi. „

Ce qu'elle avoit appris de
cette Loi lui ſuffiſoit, pour
être en état de joindre l'action de Marthe à la contemplation de Marie. Sans négliger l'une, elle s'apliquoit à
l'autre toutes les fois que la
néceſſité le demandoit : D'ailleurs au milieu même des plus
grandes occupations, & de
celles qui ſembloient devoir
le plus la diſtraire, elle s'étoit
faite une habitude d'être toûjours unie à Dieu. Quels ſoins
ne prenoit-elle pas en même-
tems de conduire ſon Troupeau à cette union ? Les vives
& pathetiques exhortations

qu'elle faifoit à la Communauté étoient autant de dégrès par lefquels ces faintes Filles montoient à l'état de perfection où elle vouloit les voir ; lorfque les douleurs aiguës, dont elle étoit fi fouvent atteinte, ne lui permettoient pas de parler, elle leur traçoit fur le papier les régles qu'elles devoient fuivre, afin que la fréquente lecture qu'elle leur ordonnoit d'en faire, les gravât profondement dans leur mémoire ; & que les ayant, pour ainfi dire, continuellement fous les yeux, elles les miffent journellement en pratique. C'eft par-là qu'elle tâchoit d'aplanir les difficultez qu'elle craignoit de trouver dans l'execution du deffein qu'elle avoit

formé de les rendre Religieuses.

Le Seigneur verſoit la plé-
nitude de ſes Bénédictions ſur
ce petit Troupeau; & ſi dans les
commencemens, ces Filles eurent à ſouffrir les incommoditez inſéparables de la pauvreté, elles en étoient dès-
lors amplement dédommagées
par les conſolations intérieures. Ce Troupeau ne pouvoit
effectivement être plus petit;
durant un aſſez long eſpace
de tems on ne reçut qu'onze
Filles; mais ce qui eſt digne
de remarque, elles étoient
toutes de condition; & cette
particularité paroît même
d'autant plus ſurprenante,
que leurs parens, en raiſon-
nant comme font ordinairement les gens du Monde, pou-

voient n'envifager ce nouvel établiffement, dans une Maifon dont l'extérieur ne préfentoit rien que de miferable, où l'on n'avoit aucun agrément, & qui étoit entierement dépourvûë de biens & de révenus ; les gens du Monde pouvoient, dis-je, ne le regarder que comme une affembléc de pauvres filles qui s'addonnoient aux pratiques les plus auftéres de la Réligion, fans avoir le mérite & fans participer aux prérogatives attachées à la profeffion Religieufe.

Mais qu'auroit fervi aux parens des filles qui avoient réfolu de fe mettre fous la conduite de la Mere Jeanne de Jefus, de leur infpirer de la répugnance pour un état de vie auſſi mépriſable ſelon le Monde? La vertu de cette ſainte Supérieure, étoit un attrait puiſſant dont Dieu ſe ſervoit pour les attirer à lui, & elles n'auroient pû y reſiſter. Elle leur avoit enſeigné à connoître quand c'eſt l'Eſprit de Dieu qui parle; & elle les aidoit à diſcerner l'eſprit de vérité, d'avec l'eſprit d'illuſion & de menſonge; elle leur avoit appris à ne pas ſe livrer indiſcretement au premier mouvement d'une ferveur naiſſante, & à éprouver leur vocation. La pieté dont elle leur donnoit des exemples ſi frapans, cette douceur dont ſa converſation étoit toûjours accompagnée, la charité qui dirigeoit ſes paroles avant qu'elles ſortiſſent de sa bouche, étoient autant de traits dont leur cœur se trouvoit frappé ; l'amour de Dieu, qui se communique si aisément, les enflammoit tellement que rien ne pouvoit les séparer de lui, ni les détourner du dessein de devenir les épouses de Jesus-Christ. Tous ceux qui fréquentoient la Mere Jeanne de Jesus avoüoient qu'il étoit impossible de conferer quelque tems avec elle, sans prendre la ferme résolution de se convertir sincerement à Dieu.

Mais si elle avoit le talent de gagner des ames à Dieu, elle ne possedoit pas moins celui de les lui conserver. Ses exemples bien plus que ses discours entretenoient ses Filles dans les sentimens qu'-

elle leur avoit inspirez. Il
falloit que ses douleurs fus-
sent bien violentes , & ses
maux bien cuisans , lorsqu'elle
n'étoit pas la premiere à exercer les emplois les plus vils
& les plus humilians de la
Communauté ; malgré sa qualité de Supérieure qui auroit
même pû l'en dispenser , si elle
eût joüi de la meilleure san-
té , on la voyoit laver la vais-
selle , aider aux lescives , à
la Boulangerie , à la Cuisine,
porter du bois pour les nécessitez de la Maison ; & par-
tout on pouvoit apercevoir la
grandeur de sa pieté & la
ferveur de son zéle.

La Mere Delphine de qui
elle avoit reçû le jour , &
dont elle se trouvoit alors
être la Supérieure , & sa Sœur
Catherine

Catherine, ne lui refuſoient pas leurs ſecours dans toutes ſes entrepriſes ; elles étoient quelquefois ſa conſolation dans ſes infirmitez : Le Seigneur qui ne vouloit pas qu'elle en cherchât d'autre qu'en lui ſeul, ne tarda pas de la priver de ces deux fidéles compagnes. Sa Sœur Catherine fut la prémiere qui paya le tribut à la nature, dans un âge où l'on ſe promet ordinairement encore les plus longs jours lorſqu'on eſt, comme elle l'étoit, d'une conſtitution robuſte. La vertu ne conſiſte pas dans l'inſenſibilité ; la Mere Jeanne fut touchée de la perte d'une Sœur, qui lui étoit plus chere encore par ſes vertus, que par les liens du ſang ; mais elle fçut faire ufage de cette affliction, par une parfaite refignation à la volonté de fon Divin Maître ; elle fentit toute la violence du mal, & n'y ceda pas.

Elle eut bientôt après un nouveau motif encore plus grand de s'affliger ; la Mere Delphine ne furvêcut que fort peu de tems à la Sœur Catherine ; mais la fermeté de la Mere Jeanne fut inébranlable à ce dernier coup. Après avoir donné à la nature ce qu'elle exigeoit , tous fes foins furent dirigez du côté de la Réligion, & fi dans les premiers momens d'une douleur auffi jufte, elle parut participer à la foibleffe de fon féxe, elle fit connoître enfuite qu'elle étoit une femme forte.

Lorsqu'elle se trouva seule à gouverner son Troupeau, elle rédoubla ses soins & son attention; toûjours animée du désir de le conduire à la plus haute perfection, elle prit des mesures pour que ses Filles pussent se consacrer à Dieu par les trois vœux de Réligion. Elle commença de leur donner un voile de crêpe; quelque tems après elle leur remit un petit cordon de laine noire, les aménant ainsi par dégré au but qu'elle s'étoit proposée, afin d'en faire de vrayes Réligieuses. Elle regardoit cet état comme le plus grand, le plus respectable, le plus parfait & le plus affûré pour le salut, selon la pensée de St. Augustin, qui avoüoit ne pouvoir en faire l'éloge, & felon ce qu'en ont dit S. Jerôme, S. Bernard & S. Thomas.

Elle mit en ufage tout ce qu'elle crut capable de faire réüffir fon deffein ; mais quels obftacles n'eut-elle pas à furmonter ? Ils ne vinrent pas de la part de fes Filles ; elles n'avoient entre-elles qu'un cœur & qu'une ame, & le même défir les animoit ; ils furent fufcitez par une infinité de perfonnes, qui peut-être agiffoient de bonne foi, & qui n'oubliérent rien pour que cette entreprife échoüât.

Les Directeurs de la Communauté furent les premiers à s'oppofer au deffein de la Mere Jeanne ; féduits par un zéle peu éclairé, ils lui reprefentérent vivement qu'-

elle détruiroit sa Congrégation, en voulant la reformer
& procurer à ses Filles un
état plus parfait ; ils trouvoient une incompatibilité ma-
nifeste entre l'Institut qu'-
elles avoient embrassé, & les
devoirs de la Profession Religieuse à laquelle elle dési-
roit de les engager. La tentation ne pouvoit être plus
violente ; elle venoit de la
part de ceux à qui la Mere
Jeanne avoit revelé tout ce
qu'elle avoit de plus secret,
& de la part de ceux qui di-
rigeoient la conscience de ses
Filles : ne devoit-elle pas croire qu'ils étoient inspirez de
Dieu ?

Dans une perplexité aussi
accablante, elle s'adressa di-
rectement à lui : Renfermée

d'enlever dans l'obfcurité celle dont elle fe fervoit ; la Réligieufe fe n. · en devoir de
fatisfaire fes compagnes ; mais
au moment qu'elle avança la
main pour fe faifir de cet
inftrument de penitence , qui
étoit de fer , elle en reçut un
coup fi rude , que la douleur
ne lui permit pas de pour-
fuivre fon entreprife. Elle
difoit enfuite quelque-fois en
riant à la Supérieure. " Ma
„ Mere , pourquoi voulez-vous
„ nous faire entendre que vous
„ ne pouvez pas fuivre les
„ exercices de la Communauté,
„ & que vous ne prenez pas la
„ difcipline ? Ma main peut
„ témoigner le contraire; elle a
„ porté long tems les marques
„ de celle dont vous vous
„ fervez. „

Cette fainte fille macerant ainfi fon corps , & augmentant les douleurs que lui caufoient fes maux habituels , tâchoit de conferver fon cœur dans une élevation continuelle vers Dieu, & dans une intime union avec le Divin Epoux de fon Ame. C'étoit-là le principe de cette gravité humble & modefte dont toutes fes actions & fes difcours étoient accompagnez, & qui lui attiroit l'admiration & les éloges de tous ceux qui la connoiffoient. Les Réligieufes quelqu'acoûtumées qu'elles fuffent à la voir, s'arrêtoient fouvent pour la confidérer & s'invitoient les unes les autres à la regarder ; on ne pouvoit la fixer fans émotion ; on étoit pénétré d'un certain refpect qui timent, aprouverent ce qu'ils combattoient auparavant, & se prêterent même à tout ce qu'elle entreprit.

Elle ne trouva pas autant de facilité à vaincre l'oppo-sition de Madame de Luynes, qui étoit contraire à ce chan-gement d'Inſtitut. Cette Da-me également diſtinguée par ſon rang & par ſes alliances, avoit beaucoup de crédit à la Cour & dans la Province ; elle pouvoit ſi bien traverſer le deſſein de la Mere Jeanne, qu'on auroit envain tenté de le faire réüſſir, ſi le Ciel ne s'en fût mêlé. Que pouvoit faire en effet une Commu-nauté naiſſante, qui ne poſſe-doit aucun bien, qui n'avoit nulle protection ? Les perſon-nes les plus réguliéres s'atta-

chent souvent à ces considera-
tions que les préjugez du Monde canonisent. Madame de
Luynes parla vivement à la
Mere Jeanne d'un projet qu'-
elle desaprouvoit; elle lui en
démontra toutes les consequences; & persuadée que la
Profession Réligieuse seroit la
ruine de la Congrégation, elle
employa jusques aux larmes
pour la dissuader. Dans toute autre occasion, la Mere
Jeanne se seroit faite un plaisir, & même une loi de suivre les conseils de Madame
de Luynes, qui étoit une personne véritablement pieuse,
& pour qui elle avoit toûjours
eû une parfaite condescendan-
ce; mais dans celle-ci, sans
sortir du respect qu'elle lui
devoit; & comprenant que c'é-

toit un rufe du Prince des Te-
nebres, qui fe fervoit de ce
nouvel artifice pour mettre
obftacle à l'œuvre de Dieu,
elle lui dit avec fermeté qu'-
elle ne pouvoit, ni devoit pas
fe défifter de fon entreprife.

Une pareille réponfe auroit
dû indifpofer Madame de
Luynes ; elle n'en témoigna
cependant rien ; elle fe contenta de perfifter dans fon fentiment ; & la Mere Jeanne
lui dit alors en fouriant "Ne
,, vous fachez pas, Madame,
,, mais réjoüiffez-vous au con-
,, traire, & dirigez vos vœux
,, pour que nous foyons de bon-
,, nes Réligieufes. ,, Elle lui
parla enfuite avec tant d'éner-
gie du bonheur de la vie réligieufe, qu'elle vint à bout
de la faire confentir à lui laif-

ser poursuivre son projet : Ce fut même peu que d'avoir ainsi fait changer de sentiment à Madame de Luynes ; les discours de la Mere Jeanne furent si éfficaces, qu'une des filles de cette Dame, qui étoit témoin de leur conversation, détermina sur le champ de se faire Réligieuse ; & sa Mere malgré la tendresse qu'elle lui portoit n'eut pas la force de s'y opposer.

Tous les désirs de la Mere Jeanne étoient tellement bornés à la réüssite de son dessein qu'elle en étoit continuellement occupée; elle en parloit à tout le monde ; & il étoit aisé de rémarquer avec quelle joye& quelle ardeur elle traitoit un sujet aussi intéressant, par la rougeur qui paroissoit sur son

viſage. Au milieu de ſes fréquentes inſomnies elle médi-
toit ſur les moyens qui pouvoient la conduire au terme
de ſes déſirs ; le matin elle
faiſoit appeller ſes Filles , &
leur parlant avec autant de
gaïeté que ſi elle n'eût reſſenti aucun mal. " J'ai penſé,
„ leur diſoit-elle , que ſi nous
„ nous ſervions de tel , ou de
„ tel expédient qu'elle leur
„ déſignoit , nous pourrions
„ obtenir les Bulles qui nous
„ ſont néceſſaires. Il faut ran-
„ ger notre Maiſon de telle
„ & telle maniére ; nos Offi-
„ ces doivent être recités à
„ telle & telle heure : „ En
un mot , elle leur expliquoit
tout ce qu'elle croyoit propre à procurer la conſomma-
tion d'un ouvrage , dans lequel

quel elle n'envifageoit que la plus grande gloire de Dieu.

On raporte que pendant qu'elle faifoit ainfi fa principale occupation d'un deffein auffi pieux, & auffi utile à fa Congrégation, elle fut favorifée d'une vifion, qu'elle put prendre pour un préfage heureux de le voir bientôt réüffir. Elle entendoit la Meffe avec cette attention que l'on doit aux facrés Myftéres que ce Sacrifice non fanglant nous repréfente; le Prêtre fe difpofant à prononcer les paroles par lefquelles les efpeces du Pain & du Vin font réellement & fubftantiellement changées au Corps & au Sang de Jefus-Chrift, elle vit trois petites boules femblables à des rubis éclatans, & jettant un feu extraordinaire, qui fortant de divers endroits de l'Autel, parurent fe réünir fur la tête du Celebrant au momentqu'il éleva la Sainte Hoftie. L'Efprit de Dieu lui dit en même tems intérieurement que c'étoit là une image de ce que deviendroit fa Congrégation, unie par les trois vœux aufquels elle vouloit l'engager. Elle avoit toûjours caché avec foin toutes les faveurs qu'elle recevoit du Ciel; & celle-ci feroit demeurée dans un éternel filence, fi deux autres perfonnes qui eurent la même vifion n'euffent parlé de ce Miracle.

C'eft envain que par une fuite de ce rafinement dont on fe picque aujourd'hni dans le Monde, on voudra glofer sur cette expression & sur ce fait. On ne le raporte que sur le témoignage autentique de personnes dignes de foi ; quiconque sçait que Dieu se communique aux plus simples , & même plus volontiers, & d'une maniere plus particuliére , n'aura aucune peine d'y ajouter foi. On a d'ailleurs l'Evangile pour garant de cette communication particuliére de Dieu.

La Mere Jeanne de Jesus se crut assurée du succès de son entreprise après cette vision ; mais quoiqu'elle pût compter essentiellement sur la protection divine , elle ne se crut pas dispensée de travailler à l'obtenir. Prieres continuelles , jeunes rigoureux, disciplines sanglantes , austeritez

de toute efpece, ce furent là
les moyens, dont-elle fe fervic
pour intereffer véritablement
le Ciel en fa faveur. Elle ne
négligea point en même-tems
le credit des hommes ; elle
n'ignoroit pas que quoique
Dieu foit maître de faire tout
ce qu'il lui plait, il laiffe néanmoins agir les caufes fécon-
des, qui font autant de voyes
par lefquelles fa volonté s'accomplit.

M. Rampalle fon frere,
Docteur en Théologie, Chanoine & Théologal de l'Eglife Collegiale d'Apt, fut un de
ceux qu'elle employa dans cette circonftance. Ce digne Ec-
cléfiaftique, non moins récommandable par fa pieté que par
fa fcience, avoit l'eftime de plufieurs Prélats ; follicité de con-

courir à faire réüffir le projet
de fa fœur ; & trouvant occafion d'en parler au Cardinal de Marquemont Archevêque de Lyon, il pria cette Emi-
nence de s'intereffer dans cette
entreprife. Il avoit eû l'honneur d'accompagner le Cardinal dans plufieurs de fes voyages , & particuliérement
dans la vifite d'une partie de
fon Diocèfe ; il venoit de prê-
cher avec aplaudiffement l'A-
vent & le Carême à Lyon :
étant fur le point de partir
pour retourner en Provence, le
Cardinal le preffa de lui fournir quelque moyen de reconnoître les peines qu'il avoit
prifes ; ce pieux Eccléfiafti-
que , qui avoit oublié fes interêts particuliers, ne penfa qu'à
procurer à fa fœur la fatis-

faction qu'elle souhaitoit avec tant d'empreſſement. Il pria le Cardinal de ſe ſouvenir du deſſein qu'il lui avoit communiqué lui-même pendant la viſite, de vouloir ériger en Monaſtéres, les Maiſons de la Congrégation de Ste. Urſule qui étoient dans ſon Diocèſe, & lui dit que la Mere Jeanne ſa ſœur ſoûpiroit après le bonheur de voir ſur ce pied-là, celle dont-elle ſe trouvoit ſupérieure à Arles.

Le Cardinal entra parfaitement dans les vûës du Chanoine ; il devoit aller dans peu à Rome pour les affaires du Roi, il promit d'employer tout ſon credit pour obtenir du Pape la Bulle d'érection. M. Rampalle en donna ſur le champ avis à ſa ſœur ; & quel-

que tems après cette fainte
fille vit fes défirs accomplis.
Le Cardinal de Marquemont
arrivé à Rome expofa à Sa
Sainteté les motifs qui l'enga-
geoient à fouhaiter que les filles de Ste. Urfule, affemblées
en Congrégation, devinffent
de véritables Réligieufes en
faifant vœu de pauvreté, de
chafteté, d'obéïffance, & même de clôture. Urbain VIII,
réconnoiffant combien ce nouvel Inftitut feroit profitable à
la Réligion confent-il à ce
que le Cardinal fouhaitoit; les
Bulles furent expediées pour
toutes les Maifons des Urfuli-
nes du Diocèfe de Lyon ; & il
y en eut une particuliére pour
celle d'Arles.

La Mere Jeanne de Jefus
reçut cette Bulle, avec une

joye qu'il feroit difficile d'exprimer ; & ſes filles n'en furent pas moins penetrées ; elle s'empreſſa de la faire fulminer & enregiſtrer avec les formalités ordinaires au Parlement de Provence ; & tout fut executé le 11. Octobre 1624. à la réquiſition de l'Archevêque d'Arles : en conſéquence la Maiſon des Filles de Sainte Urſule devint un Monaſtére de Réligieuſes, ſous la Régle de St. Auguſtin. Le Prélat qui avoit déja viſité la Maiſon, & l'avoit trouvée en bon état, avec des fonds ſuffians pour l'entretien des Sœurs, s'y rendit le 16. du même mois ; & après avoir celebré pontificalement la Meſſe dans la Chapelle, il fit un diſcours très-pathétique ſur

l'excellence de l'Etat réligieux, & donna le voile blanc
aux Sœurs, pendant que le
Chanoine Rampalle alla le
donner de sa part à la Mere
Jeanne que ses infirmitez ré-
tenoient au lit, & qui n'a-
voit pû se trouver présente à
la cérémonie : Environ trois
mois après, c'est-à-dire le 19.
Janvier 1625., l'Archevêque
d'Arles admit les Novices à
la profession, par la seule
considération de la vie éxem-
plaire qu'elles avoient menée
dans la Congrégation ; & ce
fut lors de cette Profession
qu'il jugea à propos de
nommer la Mere Jeanne, Jeanne de Jesus. Quelque vénération qu'elle eût pour ce Saint
Nom, son humilité lui fit
croire qu'elle n'étoit pas dig-

ne de le porter ; & elle ne s'y
feroit jamais déterminée, fi
l'àrchevêque ne le lui eût ordonné en vertu de la fainte
obeïffance. On l'entendoit fouvent dire avec les fentimens
les plus humbles, que ce nom
de Mere Jeanne de Jefus, lui
étoit un réproche continuel,
à caufe de fes imperfections ;
& que s'il eût été en fon pouvoir, elle auroit porté celui
de fœur Jeanne de la mifére,
comme plus convenable, &
pouvant véritablement la dif-
tinguer des autres ; mais qu'-
elle n'avoit pas voulû fe fin-
gularifer , & encore moins
pecher contre l'obéïffance
qu'elle devoit à fes Supérieurs.

Après avoir fait profef-
fion, elle fut donc établie Supérieure par l'autorité de l'Ar-

chevêque ; mais si le Prélat eût voulû condescendre à ses désirs, il ne lui auroit donné que le dernier rang ; la sainte fille trouvoit que l'état d'inférieure lui convenoit mieux que tout autre ; & qu'elle n'étoit pas même encore assez propre à s'acquiter des moindres emplois. Son Troupeau n'en jugeoit pas ainsi ; & les désirs les plus empressez de la Communauté n'avoient pour objet que de vivre sous la conduite d'une Supérieure, dont il connoissoit parfaitement tout le merite, & qui enseignoit la vertu bien plus particulierement par ses exemples que par ses discours. Ce n'est point exagerer de dire que le Seigneur avoit rassemblé dans cette sainte Fille tous les dons néceffaires pour rendre fon gouvernement utile au falut des autres.

Etablie ainfi Supérieure du Monaftére & occupant la premiere place, toute fon attention fût dirigée à atteindre aux vertus les plus éminentes & à conduire fes filles dans la voye qui y fait parvenir. Elle s'y difpofa par de nouvelles aufteritez, qui étoient même tellement au de-là de fes forces, qu'elles excitoient la compaffion de la Communauté. Mais comment ces filles n'en auroient-elles pas été touchées ; leur Mere ne prenoit prefque aucune nourriture, & pouffoit les veilles jufques au delà du millieu de la nuit. Une Réligieufe que la curiofité porta à découvrir quelles

étoient

étoient ſes occupations durant la nuit, l'entendit déchirer, par de rudes diſciplines, un corps extraordinairement affoibli par des jeunes preſque continuels & par des infirmitez habituelles, qui la reduiſoient de tems en tems au lit de la mort : Il n'en fallut pas davantage pour juger que c'étoit là une de ſes occupations ordinaires, pendant que la Communauté goûtoit les douceurs du repos.

La même Réligieuſe fut priée quelque tems après de ſe mettre à côté de la Supérieure ; un jour que ſa ſanté lui avoit permis d'aller en Communauté ; & que ſelon ce qui étoit porté par la Regle on devoit prendre la diſciplines. Elle fut même chargée

d'enlever dans l'obſcurité celle dont elle ſe ſervoit ; la Réligieuſe ſe n.ˑ en devoir de
ſatisfaire ſes compagnes ; mais
au moment qu'elle avança la
main pour ſe ſaiſir de cet
inſtrument de penitence , qui
étoit de fer , elle en reçut un
coup ſi rude , que la douleur
ne lui permit pas de pour-
ſuivre ſon entrepriſe. Elle
diſoit enſuite quelque-fois en
riant à la Supérieure. "Ma
„ Mere , pourquoi voulez-vous
„ nous faire entendre que vous
„ ne pouvez pas ſuivre les
„ exercices de la Communauté,
„ & que vous ne prenez pas la
„ diſcipline ? Ma main peut
„ témoigner le contraire; elle a
„ porté long tems les marques
„ de celle dont vous vous
„ ſervez. „

Cette sainte fille macerant ainſi ſon corps , & augmentant les douleurs que lui cauſoient ſes maux habituels , tâchoit de conſerver ſon cœur dans une élevation continuelle vers Dieu , & dans une intime union avec le Divin Epoux de ſon Ame. C'étoit-là le principe de cette gravité humble & modeſte dont toutes ſes actions & ſes diſcours étoient accompagnez , & qui lui attiroit l'admiration & les éloges de tous ceux qui la connoiſſoient. Les Réligieuſes quelqu'acoûtumées qu'elles fuſſent à la voir, s'arrêtoient ſouvent pour la conſidérer & s'invitoient les unes les autres à la regarder ; on ne pouvoit la fixer ſans émotion ; on étoit pénétré d'un certain reſpect qui faifoit naître auffi-tôt la penfée qu'on avoit devant les yeux, le portrait le plus accompli de la modeftie réligieufe. La Nature lui avoit prodigué fes dons, & la Grace qui l'avoit entiérement prévenuë donnoit à fes talens une perfection peu ordinaire. A un efprit vif, elle joignoit un jugememt mûr; fes lumiéres furpaffoient celles de fon féxe; mais elle ne fe prévaloit de tant d'avantages, que pour s'appliquer toûjours plus à remplir les fonctions de fa charge, en formant fes filles à tous les exercices de la vie réligieufe. Combien de fois, après avoir paffé toute la nuit avec des douleurs fi aiguës qu'elles ne lui avoient pas permis de fermer l'œil, appel-

loit-elle le matin ſes filles ,
pour leur expliquer les ſentimens que Dieu lui avoit inſ-
pirez ? La netteté avec laquelle
elle s'exprimoit dans ces occaſions , & l'onction dont ſes
diſcours étoient remplis , fai-
ſoient connoître aiſément la
ſource des lumiéres qu'elle
communiquoit.

Des Réligieuſes gouvernées
par une ſi digne Supérieure
ne poûvoient que faire des
grands progrez dans la vertu.
Il ne leur manquoit que de
Conſtitutions pour régler avec
plus de préciſion toute leur
conduite ſous la régle qu'elles
ſuivoient. La Mere Jeanne de
Jeſus en avoit déja compris la
néceſſité , & elle ne perdoit
pas de vûë un objet auſſi im-
prtant. La Bulle que le Pape

avoit donnée pour l'érection de la Congrégation en Monaſtére, accordoit aux Supérieures la permiſſion de dreſſer, ou de faire dreſſer des Conſtitutions conformes aux lieux, au tems & aux perſonnes; & elles devoient avoir force de Loix, après avoir été approuvées par les Ordinaires. Voulant ſuivre l'eſprit de la Bulle, la Mere Jeanne de Jeſus commença par intéreſſer le Ciel en ſa faveur. Elle demanda au Seigneur, avec les plus vives inſtances, de lui faire connoître ce qui ſeroit à ſa plus grande gloire; & après avoir accompagné ſes Prières ferventes de diverſes mortifications & de quantité de bonnes œuvres; après avoir lû & s'être fait lire, pendant ces nuits qu'elle paſſoit ſi fréquemment ſans dormir, quantité de livres qui traitoient de l'état, & de la perfection réligieuſe, elle mit en ordre les Conſtitutions qui devoient être obſervées dans ſon Monaſtere. Elle compoſa même pluſieurs Ouvrages concernant les diverſes fonctions attachées à la vie réligieuſe, & entre autres une méthode pour faire la meditation, une formule pour la renovation des vœux, une retraite ſpirituelle de dix jours, & enfin des pratiques de devotion, pour une Ame qui ſe tient continuellement en la préſence de Dieu.

Des Perſonnes qui ont lû quelques-uns de ces Ouvrages, dont les Réligieuſes Auguſtines d'Avignon ſont encore en poſſeſſion, ont avoüé qu'on ne ſçauroit ſans témérité y rien changer. On juge en les liſant qu'ils ont été véritable- ment dictez par l'Eſprit Saint, & qu'en les écrivant la Mere Jeanne de Jeſus en étoit toute remplie, tant on y trouve d'onction. On y voit une idée de la perfection de ſon Inſti- tut, & les traces des vertus qu'elle pratiquoit la premiere avec tant de zèle. Les ſimples peuvent y puiſer des leçons de diſcretion ; les jeunes s'y inſ- truire de la ſcience néceſſaire à leur état & y acquerir le don d'intelligence ; le ſage n'a pour ſe perfectionner qu'à ſuivre ce qui y eſt preſcrit ; & quicon- que a déja le don d'intelli- gence en partage, peut s'y rendre ſavant dans l'Art de gouverner.

Toutes les vûës de cette digne Supérieure tendant ainſi à la perfeċtion de ſes Réligieuſes, dans les tranſports du ſaint déſir dont elle étoit animée, elle leur diſoit ſouvent " Eh ! Quoi, mes cheres „ Filles , n'aurons-nous donc „ point de Saintes dans nos „ Monaſtéres ? Travaillons „ avec ferveur à le devenir. „ Et pour parvenir à cet état de ſainteté , que ne faiſoit-elle pas ! L'amour & la douceur étoient les qualitez diſtinctives de ſon Gouvernement ; elle ne connut jamais ces airs de hauteur , qui accompagnent quelquefois le commandement ; & qui ne conviennent à perſonne , beaucoup moins

à des Réligieuses, quelque rang
qu'elles occupent, & de quelque merite qu'elles se croyent
doüées. Elle conseilloit ; elle
prioit, hors les cas dont l'importance exigeoit une autre
conduite. C'étoit par ces voyes
douces & insinuantes qu'elle
se consilioit tous les cœurs.
Toutes les Réligieuses s'em-
pressoient de lui obéir ; & si
elles avoient quelque peine,
c'étoit la crainte que leur
obéissance ne fût plûtôt un
effet de leur affection pour
leur Supérieure que de la vertu propre à leur état.

La réputation d'un Monas-
tére gouverné avec autant
de sagesse se répandit bientôt au déhors. Les Habitans
d'Arles, dont l'estime pour
les nouvelles Réligieuses aug-

mentoit de jour en jour, lui prodiguérent leurs liberalitez. La confiance devint générale; on s'empreſſa d'y conduire les jeunes filles pour y être élevées dans la vertu; & un grand nombre de Démoiſelles de la plus haute condition s'y préſentérent même, pour embraſſer la vie réligieuſe ſous la conduite de la Mere Jeanne de Jeſus.

Cette ſainte fille n'avoit pas ce deſir véhement, que les Supérieures des Communautés, ont ordinairement de voir augmenter le nombre des ſujets. Elle étoit d'une attention extrême à examiner la vocation des Filles, qui prétendoient ſe rendre réligieuſes; & elle n'en recevoit aucune, qu'après avoir reconnu que

Dieu l'appelloit véritablement
à cet état. Vingt-cinq prirent
le voile, en moins de quatre ans ; elles avoient toutes
refifté avec courage à tous les
obftacles que le Monde pouvoit oppofer à leur refolu-
tion, & elles ont avoüé depuis,
qu'après Dieu elles étoient
redevables de l'heureux fuccez
de leur vocation, aux charitables foins de leur Supérieure.

Quelque violens que fuffent
les maux aufquels elle étoit
fujette, fon application à
tout ce qui regardoit le Gouvernement du Monaftére &
l'inftruction de fes Réligieufes
ne fe ralentit jamais. Si dès
la pointe du jour elle entendoit les Ouvriers qui fe rendoient au travail, elle éveilloit
fes Filles, & leur repréfen-
tant

tant l'ardeur avec laquelle
ces pauvres gens cherchoient
à gagner un peu de bien
périſſable. Elle leur faiſoit
ſentir ce qu'elles étoient
obligées de faire, pour acquerir ceux de l'Eternité.
„ Leurs affaires, ajoutoit-elle,
„ les occupent entiérement,
„ quelque peu conſiderables
„ qu'elles ſoient, & toute
„ l'importance des nôtres, ne
„ peut vaincre la tiédeur dans
„ laquelle nous vivons conti-
„ nuellement. Ne devons-nous
„ pas avoir honte de voir que
„ les enfans du Siécle ſoient
„ plus prudens que les enfans
„ de lumiére, & qu'ils faſſent
„ plus pour le Monde que
„ nous ne faiſons pour Dieu. „
Elle profitoit de toutes les
circonſtances, pour faire de

nouvelles exhortations à ses
Filles. Dans le Carnaval vo-
yoit-elle quelqu'un se livrer,
à ces excez de folie, qu'une
coûtume pernicieuse autorise,
elle s'écrioit: " Ah! mes cheres
„ Filles, que ces pauvres gens
„ courent à la mort avec plus
„ de célerité que nous ne cou-
„ rons à la vie. Prions Dieu
„ pour eux ; humilions-nous
„ profondement en sa présen-
„ ce ; remercions-le de nous
„ avoir attirées dans la sainte
„ Réligion : peut-être aurions-
„ nous fait pire qu'eux , si
„ nous fussions restées dans le
„ Monde. „

Cette bonne Mere , qui passoit la plus grande partie des
nuits, dans un accablement
continuel , occafionné par ses
douleurs habituelles , & qui

auroit pû profiter des mati-
nées pour prendre un repos,
que tout autre ne fe feroit pas
refufé, s'occupoit alors de
tout ce qui avoit quelque raport aux foins qu'elle croyoit
devoir à fa Communauté. S'il
arrivoit que la Réligieufe
chargée du reveil fe fût ou-
bliée, & que l'heure eût déja
paffé, elle alloit elle-même
s'acquiter de ce devoir; & fi
fa foibleffe ne lui permettoit
pas de fe lever, elle y faifoit
fupléer auffi-tôt par celle des
Sœurs qui veilloit auprès
d'elle.

S'il y avoit des malades dans
la Communauté, elle envoyoit
tous les jours fçavoir des nouvelles de leur fanté, & ne
manquoit fur-tout jamais de
s'informer le matin, comment

elles avoient paſſé la nuit. Elle
faiſoit appeller la Sœur Portiere, pour lui preſcrire l'ordre qu'il falloit obſerver dans
la multitude des affaires qui
regardoient ſon emploi; elle
donnoit des avis ſalutaires à la
Maîtreſſe des Novices : elle
inſtruiſoit celle qui avoit le
ſoin des Penſionnaires, & re-
pondoit à toutes les demandes
que cette Religieuſe pouvoit
lui faire ; elle écoutoit la
Maîtreſſe des Claſſes, qui lui
rendoit compte des progrez
des jeunes Filles qu'elle enſei-
gnoit : enfin la Sœur Econo-
me, la Cuiſiniere, tout étoit
l'objet de ſon attention, ſans
acception de perſonne. Il ſembloit que châque Religieuſe
avoit un droit particulier ſur
les diverſes heures , qu'il lui

auroit fallu donner au repos : cette Mere commune toûjours empreſſée d'être utile à ſes Filles, ne s'oublioit qu'elle même.

La charité dont elle étoit embraſée lui donnoit ſans doute des forces, pour s'acquiter de toutes ces differentes fonctions ; toutes les Réligieuſes avoient recours à elle, & il ne s'en trouvoit aucune qu'elle ne ſatisfît pleinement. Elles éprouvérent plus d'une fois qu'il n'y avoit qu'à s'aprocher de ſon lit pour être gueries ſur le champ de toutes leurs maladies ſpirituelles. Pluſieurs ont déclaré qu'elles ne trouvoient point de remede plus efficace dans leurs differentes tentations, que de recourir à la Supérieure, & qu' elles étoient même tranquilles au moment qu'elles l'apercevoient.

Elle avoit un don particulier pour découvrir les playes de l'ame, & elles les guerissoit promptement. Une de ses Filles qui craignoit d'avoir tellement encouru la disgrace de Dieu, qu'elle se croyoit déja du nombre des reprouvez, étoit dans une langueur & dans des peines d'esprit inconcevables qui la mettoient au désespoir. Quelques négligences dont-elle s'étoit renduë coupable, lui attirerent des reproches un peu aigres de la part de la Mere Jeanne de Jesus; & contre sa coûtume cette digne Supérieure la renvoya dans sa chambre, sans lui imposer la moindre pénitence : une affaire imprévûë qui lui survint la détourna de son sujet, elle se contenta de lui dire qu'elle la feroit rapeller dans son tems.

La Réligieuse se retira avec une extrême confusion ; & s'attendant à une nouvelle réprimande, bien plus dure que la pénitence qu'on devoit lui prescrire, elle n'apprehendoit rien tant que la premiere entrevûë de sa Supérieure. Ayant fait quelques jours après la communion avec la Communauté, & y ayant apporté toute la préparation que pût lui permettre le trouble dont son cœur étoit agité, il lui vint en pensée que la colere de sa Supérieure étoit une marque de celle du Ciel ; & elle s'imagina que la manière dont elle en feroit reçûë à la premiere entrevûë, lui indiqueroit les difpofitions de Dieu à fon égard.

Sans vouloir pénétrer fi c'étoit là une véritable infpiration célefte, ou une fimple illufion, on peut dumoins en tirer une preuve bien fenfible de la confiance que les Réligieufes avoient pour la Mere Jeanne de Jefus, & de la vénération qu'elles lui portoient. Quoiqu'il en foit, la Communauté s'étant affemblée le même jour après les Vêpres dans la chambre de la Supérieure pour prendre les fuffrages qui fe diftribuent tous les mois dans plufieurs Couvens; la Réligieufe dont il s'agit s'aprocha à fon tour pour prendre le fien, & s'inclinant fuivant la coûtume devant la Supérieure , la Mere Jeanne la prit par la main , & lui dit en fouriant , & avec une douceur raviffante.

„ Ma chere Sœur , nous „ fommes ennemies , il faut „ nous reconcilier : ne le vou- „ lez - vous pas ? La Réligieu- fe pénetrée d'une fainte joye reconnut fa faute , & en eut un fincere répentir. La Supé- rieure lui donna en peu de mots des avis falutaires fur la manière dont-elle devoit fe comporter à l'avenir ; & la renvoya fi fatisfaite , qu'elle a avoûé plus d'une fois , n'avoir jamais éprouvé un pareil con- tentement , & que dès-lors la tentation qui l'avoit fi fort agitée ne l'inquiéta plus.

Elle en eut quelque tems

après d'autres d'un genre différent, & la Mere Jeanne de Jesus fut son récours. Elle n'eut pas besoin de lui découvrir son intérieur, la Supérieure la voyant entrer dans sa chambre, lui dit : " Ma „ fille, allez en paix. Je con „ nois que tout va bien : Ne „ soyez plus en peine : „ Ce peu de paroles calmérent entiérement l'esprit de cette Réligieuse qui se trouva de puis parfaitement tranquille : Un autre jour voulant lui ren dre un compte général de sa conduite, elle n'osoit s'expli quer sur un article particu lier qui lui faisoit beaucoup de peine ; la Mere Jeanne de Jesus connut son embarras, & lui revela ce qu'elle n'osoit déclarer, avec autant de pré cifion que fi elle eût lû dans fon cœur.

Les Infirmiéres qui avoient foin d'elle, négligeoient quelquefois de s'accufer de certaines fautes inféparables de l'humanité. La Mere Jeanne de Jefus les appellant en particulier, leur difoit auffitôt avec une douceur dont les charmes fe faifoient fentir à chaque parole: " Ma chere „ fille, il eft bien jufte „ que je rende à vôtre ame „ les mêmes devoirs de charité „ que vous rendez vous-mê- „ me à mon corps. Je fçai „ que vous avez fait telle & „ telle faute, fans les répa- „ rer: Prenez-y garde. „ Elle détailloit enfuite tout ce qui fe paffoit dans leur inté- rieur; & ces filles étonnées

au dernier point de voir que
la Supérieure fût si bien inf-
truite de ce qui régardoit leur
confcience, lui difoient: "Ma
,, Mere, il n'eft pas poffible de
,, vous rien cacher : Vous fa-
,, vez tout, & vous pénétrez
,, jufques dans les plus fecrets
,, des cœurs ,, Mais par ces
fentimens de l'humilité la plus
profonde qui lui étoient familiers, & pour ainfi dire na-
turels, elle leur répondoit que
les perfonnes auffi méchantes
qu'elle s'accufoient d'être, connoiffoient toute forte de mé-
chancetés par l'expérience
qu'elles en avoient faite. Une
Réligieufe qui étoit obligée
de lui rendre compte de certaines chofes, avoit comme il
eft affez naturel, une extrême
répugnance de quelques cir-

conftances

conſtances. Cependant elle ſe fit enfin violence ; & ſon aveu fut ſuivi d'nn trouble extraordinaire, dans la penſée qu'elle alloit être perduë de réputation auprès de la Supérieure : la Mere Jeanne de Jeſus qui ſçavoit tout ce que cette fille avoit à dire avant qu'elle ouvrît la bouche, & qui connoiſſant ſa répugnance, étoit également inſtruite du trouble qui l'agitoit, tâcha de la raſſurer. " Je ne „ vous en eſtime pas moins, „ Ma chere fille, lui dit-elle, „ par tout ce que vous venez de „ me dire. J'aurai au contrai-„ re à l'avenir meilleure opi-„ nion de vous. Il n'y a rien „ qui puiſſe mieux concilier „ l'eſtime & la confiance d'une „ Supérieure, que la candeur

„ & une parfaite ouverture
„ de cœur. „ La Réligieuse
fut enchantée d'un pareil difcours, & fe retira avec une
joye qui paroiſſoit juſques fur
fon viſage; elle s'acquita dans
la fuite avec fincerité d'un
devoir, qu'elle ne rempliſſoit
auparavant qu'avec beaucoup
de diſſimulation.

Il en arriva de même à l'é-
gard de pluſieurs autres Réligieuſes, dont la Mere Jeanne de Jeſus découvroit les penfées les plus fecretes. C'étoit
par cette voye qu'elle s'attiroit toute leur confiance; fouvent celles à qui la honte avoit
d'abord fermé la bouche,
n'eurent dans la fuite plus rien
de caché pour elle; & il leur
en coûtroit plus de parler des
vertus qu'elles pratiquoient,

que de s'accufer des fautes qu'-
elles avoient commifes. D'autres plus malades d'efprit que
de corps, étoient tellement ac-
cablées par la multitude des
penfées extravagantes qu'elles
entrétenoient, qu'il paroiffoit
difficile de les guérir; mais
la Mere Jeanne de Jefus, dont
la prudence étoit incompa-
rable, favoit fi bien ménager
ces efprits déreglez, que par
une attention toute particuliére à leurs néceffitez, & par
la force de fes difcours, elle
venoit à bout de les remettre dans leur affiéte naturelle. Une Réligieufe étoit tom-
bée malade, & les Médecins
après avoir épuifé vainement
tous les rémedes que la Faculté peut mettre en ufage, con-
vinrent enfin qu'il n'y avoit

point d'autre reſſource que de lui faire changer d'air. La Mere Jeanne qui n'aprouvoit pas une pareille déciſion, étoit perſuadée qu'une Réligieuſe hors du Cloître couroit riſque de perdre ſon ame, en récherchant la ſanté du corps ; elle envoya viſiter la malade, & lui fit demander ſi elle n'auroit pas le courage de venir juſques dans ſa chambre, où elle ſouhaitoit de la voir. La malade fit répondre que ſa fiévre ayant beaucoup augmenté, il lui étoit impoſſible de s'y transporter. La Supérieure renvoya l'Infirmiére pour l'aider à s'habiller, & lui fit dire de prendre courage, que l'obéiſſance applaniſſoit toutes les difficultez. Avec le ſecours de l'Infirmiére la

malade, ſe rendit enfin dans la chambre de la Mere Jeanne de Jeſus. On ne ſçait quelle fut la matiére de la converſation ; toutes les Réligieuſes s'étoient rétirées au moment que celle-ci entra ; mais il eſt certain que trois heures après l'In-firmiére voïant qu'il étoit tard, vint dans la chambre, & dit à la Supérieure qu'il étoit tems de lui apprêter à manger. Elle lui répondit alors : " Occu-
„ pez vous à autre choſe , cet-
„ te bonne fille y pourvoira. „
L'Infirmiére crut que la Su-périeure railloit, mais quel-le fut ſa ſurpriſe, lorſqu'elle vit que la malade travailloit avec autant d'agilité que ſi el-le n'eut jamais eu la moindre incommodité. Elle alloit faire mille queſtions ſur ce prodi-

ge ; la Mere Jeanne lui impofa filence fur le champ , & depuis lors la malade joüit d'une parfaite fanté.

Sans vouloir attribuer cette prompte guérifon à un miracle , puifque felon toutes les apparences cette Réligieufe avoit l'efprit plus foible que le corps, ne doit - on pas du moins avoüer que rien ne fut plus fage que la conduite de la Mere Jeanne de Jefus : Difcernant les rémédes convenables à la parfaite guérifon de cette fille , elle fçut les employer à propos dans fes difcours,

Mais ce n'étoit pas le feul intérieur des Réligieufes qu'elle connoiffoit. Elle pénetroit dans celui-là - même des perfonnes du déhors. Elle difoit

souvent à la Portiére, " Une
,, telle Demoiſelle eſt venuë
,, au Parloir , & a dit telle
,, choſe ; une telle eſt appel-
,, lée à la Réligion , & vien-
,, dra ſe préſenter ; je ſuis d'a-
,, vis qu'elle ſoit reçûë. ,, La
choſe arrivoit toujours comme
elle l'avoit prédit, ſans que
perſonne lui en eût parlé , &
ſans qu'elle eût vû celles dont
il s'agiſſoit.

Elle dit une autre fois à
la Portiére : " Mademoiſelle
,, De *** ... qui n'eſt mainte-
,, nant occupée que de tout ce
,, qui fait les plus cheres dé-
,, lices de ſon ſéxe, qui aime
,, paſſionnément le Monde ;
,, qui paſſe ſes jours dans les
,, plaiſirs ; qui n'oublie rien
,, pour conſerver ſes attraits
,, & les graces dont elle ſe trou-

,, ve pourvûë;&qui eſt dans un
,, ſi grand danger de ſe perdre,
,, que les perſonnes les plus
,, indifferentes tremblent pour
,, elle , ſera bientôt vaincuë
,, par la grace. Elle répondra
,, aux inſpirations de l'Eſprit
,, Saint, & viendra mettre ſon
,, innocence à couvert de l'o-
,, rage dans le Port fortuné
,, que le Cloître offre à no-
,, tre ſéxe. ,, Cette prédiction
ne tarda pas de s'accomplir ;
la Démoiſelle ouvrit les yeux
ſur le péril où elle étoit ; &
on la vit faire un divorce éternel avec le Monde qui l'avoit
ſéduite, & devenir une bonne
Réligieuſe.

La lumiére céleſte éclairant
ainſi la Mere Jeanne de Jeſus ,
pouvoit-elle ignorer tout ce
qui régarde l'Art de gouver-

ner ? On comprend aſſez avec quelle prudence elle ſe comportoit en toute occaſion envers ſes filles , & combien ſes diſcours étoient également affectueux & preſſans. Elle parloit dans les Chapitres avec un diſcernement qui faiſoit connoître la ſource où elle puiſoit tout ce qu'elle diſoit; quoiqu'elle ne parlât jamais qu'en général , chacune en particulier ſe ſentoit le cœur auſſi touché que ſi le diſcours ſe fût adreſſé à elle ſeule. Les troubles & les inquiétudes dont elles étoient agitées ſe trouvoient diſſipez au ſortir du Chapitre. Une nouvelle ardeur ranimoit les tiédes; un nouveau feu , un déſir ſincere de monter de vertu en vertu , étoit le fruit qu'en rétiroient les ferventes.

La Mere Jeanne de Jefus avoit une horreur extrême non-feulement pour le mal, mais encore pour l'ombre & les fimples apparences ; les plus légéres imperfections étoient pour elle des monftres épouvantables, qu'elle tâchoit de vaincre par l'abondance de fes larmes & par les armes fpirituelles les plus victorieufes. Ce n'étoit point affez que d'avoir de pareils fentimens, elle les faifoit naître dans le cœur de fes filles, par les corrections, qu'elle leur faifoit avec une feverité mêlée toutefois de tant de douceur, qu'on peut dire qu'elle vivifioit au moment qu'elle mortifioit. Par une fuite de ce parfait difcernemeut dont elle étoit doüée, elle ne faifoit jamais aucune correction, qu’elle ne connût que le cœur étoit difpofé à la recevoir ; & elle choififfoit fi bien fon tems, qu’il étoit impoffible de lui en favoir mauvais gré.

Par un effet de cette profonde humilité qu’elle pratiqua toute fa vie, elle s’attribuoit toutes les fautes qui fe commettoient dans le Monaftére ; elle ne blâmoit jamais perfonne, & lorfqu’on venoit lui donner avis que quelque Réligieufe avoit manqué à fon devoir, elle ne difoit jamais un mot qui pût lui porter le moindre préjudice ; fi l’action n’étoit fufceptible d’aucune excufe, elle favoit toûjours y donner publiquement une explication, qui en préfentoit une, & elle faisoit ensuite en particulier la correction à celle qui avoit failli, avec cet esprit de douceur qui lui meritoit la confiance de tous ceux à qui elle parloit. Bien loin de chercher à faire trophée des fautes des autres pour établir sa réputation, elle imitoit en tout à leur égard la conduite de l'Apôtre des Gentils. Si quelque Réligieuse se trouvoit exposée à de grandes tentations, & n'avoit pas autant de force d'esprit que ses compagnes, c'étoit précisement celle-là qu'elle caressoit le plus. Elle la faisoit appeller dans sa chambre, & lui donnoit des rémedes si convenables à ses infirmitez spirituelles, que le soulagement devenoit bientôt sensible.

Aprés

Après avoir fait connoître à ses Réligieuses les fautes qu'elles pouvoient avoir commises, le Chapitre ne finissoit jamais sans une sincere déclaration des siennes ; & les plus légéres étoient exagerées d'une maniére que ces saintes filles ne pouvoient se défendre d'en être touchées: son humilité la portoit à dire qu'elle étoit la plus imparfaite & la moins vertueuse de toutes. Cette vertu qu'on régarde à si juste titre comme le fondement de l'Edifice Spirituel, lui étoit tellement propre, que plus elle étoit favorisée du Ciel, plus elle s'estimoit indigne de la moindre grace, & elle ne laissoit jamais échaper aucune occasion de la pratiquer. Lorsque ses Réli-

gieufes fenfibles à l'état auquel la réduifoient fes infirmitez continuelles , lui té-
moignoient la part qu'elles
prenoient à fes peines , " Mes
„ cheres filles, leur difoit-elle,
„ je ne fouffre rien ; & quand
„ même je fouffrirois quelque
„ chofe , que feroient mes pei-
„ nes en comparaifon des mes
„ péchés ? Je n'ai aucun méri-
„ te en fouffrant. „

Elle trouvoit toujours moyen de parler de l'humilité
dans toutes les conférences
fpirituelles ; elle demanda un
jour à fes filles laquelle de
toutes les hiftoires qui font
raportées dans l'Evangile leur
donnoit le plus de confolation ; l'une dit que c'étoit celle de Magdelaine ; l'autre celle de la Samaritaine ; quel-

ques-unes celle de la Cana-
née : la Mere Jeanne interro-
gée à fon tour, répondit que
celle de la Femme Adultére,
étoit le plus de fon goût. "Il
,, n'en eft aucune, ajoûta-t'el-
,, le, qui me faffe mieux con-
,, noître la miféricorde de
,, Dieu fur moi & l'erreur
,, dans laquelle vous êres pour
,, ce qui me régarde. C'eft en
,, vain que vous croyez
,, que j'ai quelque chofe de
,, bon & que vous me jugez
,, exempte de plufieurs pechez,
,, je me réconnois devant Dieu
,, infiniment coupable. Je fuis
,, cette miférable adultére fpi-
,, rituelle, qui ai fi fouvent
,, manqué à la fidelité que je
,, dois à mon Divin Epoux ;
,, & puifque vous ne voulez
,, pas me croire une péche-

„ resse telle que je suis, je
„ prie Dieu très-humblement
„ que me faisant miséricorde,
„ il daigne me dire comme à
„ cette Femme de l'Evangile :
„ *Personne ne t'a condamnée : je*
„ *ne condamnerai pas non plus.*
„ Puisque par un excez de
„ charité vous ne voulez pas
„ me condamner, priez du
„ moins le Seigneur, & su-
„ pliez-le instamment qu'il ne
„ me condamne pas lui-même
„ comme mes pêchez le mé-
„ ritent. „ Ces paroles expri-
moient alors des sentimens, ausquels l'humilité avoit donné
naissance.

Cette vertu lui grossissoit
tellement les moindres fautes
qui lui échapoient, que le
cœur pénetré de douleur, &
la face couverte de confusion,

elle difoit que fi la fói ne lui apprenoit que les peines du Purgatoire ne font pas éternelles, elle ne douteroit pas un moment que ce lieu de fouffrances, ne dût être fa demeure pour toujours ; mais qu'elle étoit perfuadée qu'elle y refteroit jufques au jour du Jugement fi les bonnes ames n'intercedoient pour elle. Une Réligieufe qui l'entendit un jour parler de la forte ne put s'empêcher de s'écrier : " Ah, ma Mere! qui pourra ef- ,, perer d'être fainte, fi vous ,, ne l'êtes pas ? ,, Quiconque n'auroit eu qu'une humilité apparente, fe feroit fait un mérite d'un difcours qui flattoit fi fenfiblement l'amour propre ; la Mere Jeanne de Jefus s'en affligea beaucoup ;

& sans sortir des bornes de la modération, elle répondit à cette Réligieuse : " Qu'osez-
,, vous avancer , ma chere
,, sœur ? vous offensez Dieu,
,, & vous vous trompez grof-
,, fierement ; vous me croyez
,, bonne , mais tôt ou tard vous
,, connoîtrez mon hypocrifie
,, par quelque fcandale. ,, Ne perdant jamais de vûë cette connoiffance de fon néant, elle fe croyoit indigne que quelqu'un priât pour elle. Elle fe difoit quequefois à elle-même: " Pauvre bête ; tu ne mérites
,, pas d'avoir part à la con-
,, verfation des perfonnes rai-
,, fonnables ! ,,

Un Chirurgien qui la voyoit pendant fa maladie, lui dit un jour : " Eh ! bien,
,, Madame, que ferons-nous

,, à un mal auſſi fàcheux &
,, auſſi importun que le vô-
,, tre? N'en pourrons-nous ja-
,, mais connoître la cauſe
,, pour y apliquer les remedes
,, convenables? Ne vous éton-
,, nez-pas lui répondit la
,, Mere Jeanne de Jeſus, ſi
,, mon mal eſt ſi opiniâtre;
,, il provient d'une trop mau-
,, vaiſe racine. ,, Surpris de
ce diſcours, le Chirurgien
lui demanda quelle étoit
donc cette racine. " Ce ſe-
,, roit, repliqua-t'elle, un diſ-
,, cours ennuyeux pour vous,
,, & qui même vous feroit
,, horreur, que le détail que
,, je vous en ferois; je vous
,, dirai en général que mes
,, péchez ſont la ſeule cauſe
,, de tous mes maux. ,, Paroles qu'elle prononça avec

un cœur si touché, que ſes
larmes furent un témoignage
bien ſenſible de ſes véritables ſentimens. Le Chirurgien ſaiſi d'étonnement tâcha
de la raſſurer. " On doit,
„ Madame, lui dit-il, ſe
„ confier en Dieu; ſa bonté
„ ſurpaſſe infiniment nos mi-
„ ſeres ; nous ſommes tous pé-
„ cheurs ; nous avons tous be-
„ ſoin qu'il nous faſſe part de
„ ſes plus grandes miſericor-
„ des. Il eſt vrai, reprit la
„ Mere Jeanne de Jeſus, mais
„ tous n'en ont pas un auſſi
„ grand beſoin que moi. „
Lorſque le Chirurgien ſe
fut retiré, l'Infirmiere qui
avoit été témoin de la converſation, ne put ſe défendre de témoigner à la Su-
périeure ce qu'elle en pen-

foit. " Cet homme, lui dit-
„ elle, eft un railleur; il pren-
„ dra à la lettre ce que l'hu-
„ milité a mis dans vôtre
„ bouche. Vous lui avez af-
„ fûrement fourni une ample
„ matiére de fe divertir à vos
„ dépens, & par-là d'offenfer
„ Dieu. Que dites-vous, ré-
„ pondit la Mere Jeanne de
„ Jefus, en fouriant ? Je fou-
„ haiterois, ma chere fille,
„ que tous mes péchez lui
„ fuffent connus, & qu'il les
„ publiât aux quatre coins de
„ la Ville : Dieu en feroit
„ plus glorifié, & la vertu de
„ mes Sœurs plus reconnuë.
„ Je vous les dirois volontiers
„ à vous-même, mais vous en
„ auriez trop d'horreur; &
„ d'ailleurs je ne me fens pas
„ affez de forces pour fup-

„ porter le mépris que vous
„ concevriés pour moi. „

Avec des fentimens auſſi humbles d'elle-même, quelque mauvaiſe opinion qu'on pût avoir de ce qui la regardoit, rien ne lui étoit ſenſible; & lorſque les Réligieuſes lui raportoient ce que les Gens du Monde penſoient de ſa ' Communauté, & qu'ils diſoient qu'elle étoit miſérable, & qu'on y mouroit de faim, " Mes cheres filles, ré-
„ pondoit-elle, en riant, nous
„ ne méritons pas qu'ils nous
„ ayent en bonne odeur: Plût-
„ à Dieu qu'ils puſſent toû-
„ jours tenir le même langa-
„ ge: ce ſont là des loüanges
„ pour nous. „ Ces diſcours n'étoient cependant que trop vrais. Bien des gens tâchoient

de décréditer le Monaftére ; mais un cœur véritablement humble fçait tout excufer & tout pardonner.

Celui de la Mere Jeanne de Jefus parut tel dans une occafion des plus délicates, où la calomnie fe déchaîna contre elle, & contre fes Réligieufes, de la maniére du monde la plus odieufe. Elles en furent extrêmement allarmées, & dirent à la Supérieure, avec une émotion extraordinaire caufée par le foin que chacun a naturellement de fa reputation, qu'elle pouvoit d'un feul mot diffiper cet orage ; & lui répréfentérent qu'elle devoit juftifier la Communauté, & qu'il étoit à propos que la vérité fe manifeftât & triom-

phât du menfonge. " Nous
„ fommes tentées de le faire,
„ ajoûterent-elles, & nous
„ l'aurions déja fait, fi nous
„ n'euffions apréhendé de
„ vous caufer quelque cha-
„ grin. Que vous êtes encore,
„ reprit-elle, mes cheres fil-
„ les, peu expérimentées dans
„ les voyes de Dieu & dans
„ la vie fpirituelle ! Croyez-
„ vous que ce font ces per-
„ fonnes dont vous parlez,
„ qui nous faffent cet outra-
„ ge ? Vous vous trompez.
„ Remontez plus haut, &
„ vous comprendrez que c'eft
„ un trait de la bonté & de
„ la Providence paternelle de
„ Dieu, qui cherche par cet-
„ te voye mon bien & mon
„ avancement fpirituel. „
Les Réligieufes ne furent
point

point encore satisfaites de
cette réponse ; elles dirent
qu'elles seroient moins indig-
nées, si les calomnies qu'on
répandoit contre la Communauté, ne sortoient pas de la
bouche de certaines personnes qui faisoient profession de
la crainte de Dieu, & qu'elle
avoit elle-même comblés de
tant de biens, qu'ils auroient
dû en conserver une recon-
noissance éternelle. " Ah !
„ mes filles, dit alors la Su-
„ périeure, ces Personnes ne
„ font aucun mal. Leur in-
„ tention n'est point mauvai-
„ se, & supposé par impossi-
„ ble, qu'ils ayent eu dessein
„ de nous nuire, sachez que
„ Dieu permet quelquefois
„ qu'un Juste s'égare, pour
„ en éprouver un autre, & à

„ plus forte raison pour me
„ corriger & me punir : moi
„ en particulier, qui suis une
„ misérable pécheresse, in-
„ digne de sa misericorde. Ce
„ sont là des coups de foüet
„ bien doux, eu égard à ce
„ que je mérite. „

Il ne faut pas passer sous silence une avanture des plus bizarres, qui fit connoître que cette sainte fille étoit aussi indifferente pour les affronts, qu'offensée par les loüanges : ce qui est une nouvelle preuve de sa parfaite humilité. Un des Confesseurs de la Communauté, s'avisa un jour d'imposer pour pénitence à une Religieuse de donner un soufflet à la premiere qu'elle rencontreroit. Quel nom donner à une pareille conduite ? Sans craindre de bleffer la charité, on peut dire hardiment que c'étoit là du moins l'effet d'un zéle très-indifcret. Falloit-il en effet, pour éprouver la docilité de la pénitente, expofer ainfi la patience de la perfonne qui devoit recevoir un affront auffi fanglant ? Mais qu'on envifage la chofe d'un autre côté, & qu'on regarde ce Directeur comme un inftrument dont Dieu voulut fe fervir pour faire éclater la vertu de la Mere Jeanne de Jefus.

Cette fainte Fille fut la premiere perfonne que la Réligieufe rencontra. La bonne Sœur rétenuë d'un côté par le refpect qu'elle portoit à fa Supérieure, & preffée d'un autre par l'obéïſſance qu'elle croyoit devoir à ſon Confeſſeur, héſita quelques momens ; mais croyant enfin de faire l'action la plus méritoire, elle déchargea de toutes ſes forces un ſi rude ſoufflet ſur la joüe de la Mere Jeanne de Jeſus, que la marque s'y connut long-tems.

Quelque ſenſible que dût être cette ſainte Fille dans une occaſion, où une pareille injure rejailliſſoit encore ſur ſa qualité de Supérieure, elle n'en parut point émûë. Mais il ne falloit pas moins que la charité la plus induſtrieuſe, pour ne pas du moins accuſer cette action de folie, & ne pas croire que pour l'exemple de la Communauté, elle devoit être ſuivie d'une juſte punition. C'auroit été là le langage de l'amour propre ; la véritable humilité ne le connoît point ; la Mere Jeanne de Jesus sourit de cette action, & continua son chemin, sans proferer une seule parole, ni chercher à savoir pourquoi cette Réligieuse s'étoit portée à cet excès.

Cette indifference aux affronts, n'étoit cependant pas un effet du temperament, ni le fruit d'une indolence naturelle. La Mere Jeanne de Jesus étoit au contraire d'une humeur très-vive, & même très-portée à la violence ; mais elle sçavoit si bien vaincre son penchant qu'elle paroissoit insensible. Si par hazard quelqu'un lui répondoit d'une maniére desobligeante, ou lui difoit des paroles piquantes, bien loin de leur témoigner la moindre aigreur, elle feignoit de n'avoir rien entendu : Jugeant ainfi que fon filence feroit un reproche fuffifant, & que cette perfonne rentrant en elle-même, Dieu en feroit glorifié.

On ne fauroit contenter tout le monde quand on a un grand nombre de perfonnes à gouverner. Si elle prévoyoit quelque-fois, qu'une de fes Filles auroit à fe plaindre, elle l'envoyoit chercher ; & quoique fouvent l'offenfe la regardât perfonnellement, elle n'héfitoit pas à lui demander pardon ; elle fe mettoit à genoux ; & cette Réligieufe étoit celle à qui dans la fuite elle témoignoit le plus d'amitié. Se regardant comme la moindre & la plus imparfaite de toutes, il ne lui en coûtoit rien de s'humilier en leur préfence. Tantôt elle leur demandoit leur avis & s'y conformoit avec une parfaite foumiffion, fans s'arrêter, à fon propre fentiment; tantôt elle fe recommandoit à leurs Prières; & leur difoit : ,, Mes cheres Filles, quand vous ,, reciterez la Salutation An- ,, gelique, fouvenez-vous de ,, moy, en prononçant ces pa- ,, roles. *Ora pro nobis peccato-* ,, *ribus*; je fuis la plus grande ,, péchéreffe qu'il y ait fur la ,, terre. " Lorfqu'elle s'étoit confeffée elle avoit coûtume de demander humblement pardon à une Sœur Converfe qui la fervoit. Elle difoît fa coulpe en préfence de la Communauté, la veille des grandes Fêtes ; & elle verfoit en cette occafion une fi grande abondance de larmes, que les Réligieufes ne pouvoient retenir les leurs.

La pauvreté la plus étroite accompagnoit une auffi profonde humilité ; mais c'étoit une véritable pauvreté d'affection, dégagée de tout amour-propre. Elle ne cherchoit pas à fe dédommager des humiliations par des manières affectées ; & fi elle fe revètoit de quantité de vieux haillons, pour fe garantir du froid, tandis qu'un feul habit auroit pû lui fuffire, elle répondoit à celles qui lui en parloient qu'elle n'en ufoit ainſi que par ſenſualité, diſant que les robes neuves l'embar-raſſoient trop. Si on lui en donnoit une, elle la faiſoit auſſi-tôt enfermer par l'Infir-miere, juſques à ce qu'elle trouvât l'occaſion de la don-ner à quelqu'une de ſes Sœurs qu'elle croyoit en avoir bé-ſoin : cependant dans quelque état de pauvreté qu'elle ta-chât de vivre, elle avoit ſoin de ſe maintenir dans cette propreté que Saint Bernard recommande aux perſonnes réligieuſes ; " Aimons la pau-„ vreté, diſoit le Saint Abbé de „ Clairvaux, ſans aimer la „ mal-propreté. „

Lorſque ſes Supérieurs, ſon Frere ou les Medecins venoient la viſiter, elle ſe faiſoit don-ner un manteau neuf, un voile, une guimpe qu'elle quittoit après qu'ils étoient sortis, sous prétexte qu'elle en étoit suffoquée, ce que les Réligieuses croyoient de bonne foi. On ne put jamais la résoudre à se servir d'une couverture neuve qu'on lui avoit achetée ; quelque mauvaise que fût celle qui étoit sur son lit, elle la portoit même dans tous ses voyages, & n'en usa jamais d'autre pendant toute sa vie.

A l'occasion des maux de tête extraordinaires qu'elle souffroit, on lui avoit ordonné de ne porter que des voiles très-fins, dans la pensée que n'ayant plus un si grand poids elle seroit un peu soulagée. La sainte Fille qui se voyoit en quelque façon dis-

tinguée des autres, qui portoient des voiles très-communs,
se plaignoit de se voir obligée
à cette distinction ; elle en
étoit extrêmement mortifiée ;
& elle disoit quelques fois,
en versant des larmes. " Mon
„ Dieu, que je serois heureuse,
„ si je pouvois suivre en tout
„ la Communauté. Mais, Sei-
„ gneur, il n'est que trop juste
„ que ce miserable corps soit
„ differemment vêtu que celui
„ de mes Sœurs, puisque mon
„ ame est si éloignée d'avoir
„ leur vertu. „ L'amour de la
pauvreté se manifestoit dans
tout ce qui étoit à son usage ;
elle rejettoit tout ce qui pouvoit ressentir la vanité : Elle
n'eut même jamais que les
choses qui sont d'une nécessité indispensable.

Elle pratiquoit la premiere l'obéïſſance qu'elle recommandoit ſans ceſſe à ſes Filles. Elle leur diſoit en toute occaſion que ce devoit être là la vertu diſtinctive des Réligieuſes de ſainte Urſule ; & elle puniſſoit très-rigoureuſement la moindre faute contre cette vertu. Elle croyoit qu'il n'y en avoit aucune légere ſur cette matiére ; elle exigeoit que l'obéïſſance allât juſques à prévenir le commandement, & que l'on eût obéï au ſeul ſigne de la volonté des Supérieurs.

On voit ſouvent ceux, qui ſont les plus jaloux de leur autorité, être les moins diſpoſez à reconnoître celle des autres. On impoſe quelquefois des fardeaux dont on au-

roit bien de la peine à se
charger soi-même ; & à force
de s'accoûtumer à comman-
der, on oublie souvent comment il faut obéir. La Mere
Jeanne de Jesus, quoique Supérieure presque depuis ses
premieres années, ne perdit
jamais de vûë, non seulement
l'obéissance qu'elle devoit
à ceux que la Providence
avoit élevez au-dessus d'elle ;
mais même la déference
à ceux qui étoient soûmis à
son gouvernement.

Tout ce que l'Archevêque
lui prescrivoit lui paroissoit
facile ; & si ce qu'il ordonnoit
surpassoit quelquefois ses forces, quand même par la moindre réprésentation elle auroit
pû s'en dispenser, elle étoit
d'un empressement extraordi-

naire d'y satisfaire.

La Mere Affiftante fe trouva un jour auprès d'elle, lorfqu'on lui apportoit quelques viandes qu'on lui-avoit apprêtées exprès, & aufquelles la fainte Fille faifoit peu d'attention. Cette Réligieufe lui dit : Ma Mere, „cela me paroit fort bon, „vous devriez en goûter : „mangez-en deux ou trois „morceaux.„ L'Affiftante fortit dans le même tems, & la Mere Jeanne de Jefus prit trois morceaux de ces viandes, elle les trouva bonnes ; mais quelque appetiffantes qu'elles fuffent, elle les renvoya fans vouloir en manger davantage : ne s'étant déterminée d'en goûter, que parce que la Mere Affiftante le lui avoit comme ordonné.

Cette obéiſſance ne con-
noiſſoit ni rang, ni diſtinction,
la Mere Jeanne étoit ſoûmiſe à
toutes les Réligieuſes, autant
que ſon devoir pouvoit le
permettre ; pendant tout le
tems que ſes maladies la re-
tinrent à l'Infirmerie , elle
eut pour les Sœurs qui prenoient ſoin d'elle une ſou-
miſſion aveugle quoi-qu'elle
fût leur Supérieure, & que
la commiſſion de la veiller ne
fût confiée la plûpart du tems
qu'à de ſimples Converſes ; elle ne faiſoit même jamais
rien ſans leur demander la permiſſion, & en agiſſoit comme la plus jeune Profeſſe, ou
une ſimple Novice.

Une des Sœurs Infirmiéres
pouſſant l'indiſcretion & la

familiarité au-delà des bornes, lui dit un jour par rail-
lerie, & fous prétexte de quelque affaire qu'elle avoit dans
la Maifon. "Sœur Jeanne la
„ Converfe, levez-vous, & venez
„ m'aider. „ Cette bonne Mere, fans répondre un feul mot,
fe leva auffi promptement que
fa foibleffe put le lui permettre ; & s'étant habillée, elle fe
mit en devoir d'executer ce
qu'on lui prefcrivoit ; elle auroit continué jufques au bout,
fi cette Sœur imprudente qui
s'étoit enfin apperçuë que les
forces lui manquoient, ne lui
eût ordonné de fe remettre
au lit ; ce qu'elle fit avec la
même foumiffion qu'elle avoit
marqué pour fe lever.

Elle avoit fouvent paffé la
nuit avec des douleurs ex-

cessives, & elle auroit pû ré-
poser un peu dans la matinée;
mais si les Réligieuses, qui
venoient lui souhaiter le bon
jour, ne trouvant pas l'Infirmiére pour leur rendre compte de son état, lui disoient
que le tems étoit ce jour
là fort beau, & qu'elle devoit
se lever & respirer un peu l'air,
croyant qu'elle en recevroit
du soulagement; elle recevoit
ces avis comme des ordres res-
-pectables, & tachoit de s'y
conformer sur le champ. Il
arrivoit toutefois assez souvent
que sa foiblesse faisoit ensuite répentir les Réligieuses
de lui avoir donné ce conseil,
& l'Infirmiére leur en faisoit
sentir elle-même le ridi-
cule; mais au lieu de s'en prendre à elles du nouvel embar-

ras qu'elles lui cauſoient, la Mere Jeanne de Jeſus avoit à eſſuyer ſa mauvaiſe humeur; elle lui réprochoit ſon trop de crédulité, & lui diſoit qu'elle devoit connoître mieux que perſonne ce qui lui étoit convenable; & la ſainte fille répondoit par ces paroles: ,, Dieu a porté mes Sœurs à ,, me donner ce conſeil, & ,, j'ai crû devoir le ſuivre. ,, Elle ne leur auroit jamais dit ce qu'elle ſouffroit; & lorſqu'elle tomboit accablée de foibleſſe & d'inniation, elle tachoit encore de cacher ce qu'elle ſouffroit.

Combien de fois ayant elle-même demandé de ſe lever pour prendre l'air, perſonne ne le jugeoit à propos? Dieu le permettoit ainſi pour éprou-

ver fa vertu ; & elle fe fou-
mettoit à ce nouveau jugement avec une foumiffion ,
bien capable de lui attirer
toutes les faveurs dont le Ciel
la combloit en tant d'occafions.

Elle régardoit l'Office Divin comme un devoir des plus
effentiels pour les Réligieufes ; & c'étoit à fon grand ré-
gret quand fes infirmitez
l'empêchoient de s'y trouver ;
du moment qu'elle avoit la
force de quitter le lit, elle
demandoit avec empreffement
la permiffion d'y affifter, ou
de le faire dire dans fa chambre, où les Supérieurs lui
avoient permis d'avoir un Autel. Si les Infirmiéres lui ré-
fufoient de la conduire au
Chœur, ou de réciter l'Of-

fice en sa présence, toute sa
réponse étoit : " Il est juste,
,, mes cheres Sœurs, qu'une mi-
,, sérable comme moi soit pri-
,, vée de cet avantage ; ,, &
elle ne témoignoit aucun chagrin de se voir ravir la
consolation qu'elle esperoit.

Quelque malade qu'elle fût,
elle vouloit toujours passer
une demie heure après la Communion sans prendre la moindre chose ; & pour savoir
quand il en seroit tems, elle
faisoit ordinairement tourner
le sablier. L'Infirmiére qui la
voyoit quelquefois défaillir,
alloit aussi-tôt chercher un
boüillon; mais la sainte fille auroit refusé de le prendre, le sablier n'étant pas encore passé,
si l'Infirmiére ne le lui eût ordonné.

Tous ces traits feront peut-être regardés par bien des gens comme des minuties ; y a-t'il cependant quelque chofe de méprifable dans tout ce qui a raport au fervice de Dieu, qui tient compte d'un verre d'eau que l'on donne en fon nom ?

Mais qu'on l'envifage de la façon que l'on voudra, ce font là néanmoins autant de preuves autentiques de ce rénoncement à fa propre volonté, qui fait une partie de l'effence d'un parfait Réligieux. En voici encore un qui ne doit pas être tû, & qui découvre en entier les fentimens de la Mere Jeanne de Jefus fur la vertu d'obéïffance.

Une Réligieufe profeffe dépuis deux ou trois mois ,

étoit entichée du défaut, si ordinaire aux jeunes gens qui se croyent toûjours plus habiles que les personnes avancées en âge ; elle vit la Mere Jeanne de Jesus plier une lettre, & lui dit par inconsidération qu'elle s'y prenoit mal. La sainte Superieure sans repliquer, la pliâ de la manière que lui montra la jeune professe ; & quoique la lettre fut très-mal pliée de cette façon, elle voulut en cela suivre l'exemple de J. C. qui s'est rendû obéissant jusques à la mort.

Ce fut véritablement dans la resolution de suivre de plus près ce divin modelle, qu'elle porta l'obéissance jusques à une espéce de crucifiement, par sa mortification & sa patience. Il feroit inutile de rappeller ce qui a déja été raporté à l'occafion de fes longues & frequentes maladies ; mais qu'il foit permis de dire, qu'au milieu des plus vives douleurs elle ne témoignoit jamais la moindre inquiétude, ni le moindre chagrin. Elle ne paroiffoit avoir d'autres peines dans fes plus grandes fouffrances, que celles qu'elle croyoit donner aux Infirmiéres ; elle leur rendoit grace des moindres fervices qu'elle en recevoit ; & fouvent elle les convioit d'aller fe repofer dans le tems qu'elle avoit un plus grand béfoin de leur fecours: elle les prioit même de ne pas fe priver des récreations de la Communauté.

Elle ccnnoiffoit parfaite-

ment que Dieu vouloit l'affliger par les maladies, & la
privation de tout ce qui pouvoit lui apporter quelque confolation ; & elle ne s'éloignoit
jamais de ce deffein. Combien
de fois ne l'entendit-on pas
s'écrier, quand elle fe trouvoit
feule ? " Ah ! pauvre corps, tu
,, voudrois bien telle chofe ; il
,, faut t'en priver pour cette
,, feule raifon. ,, Mais ce n'é-
toit pas fon corps feul qu'elle
reduifoit ainfi en fervitude ;
elle ne donnoit pas plus de
fatisfaction à fon efprit, afin
d'être toute entiére dans la
plus parfaite foumiffion aux
ordres de la Providence.

Cet état de maladie habi-
tuelle joint à un tempérament
délicat , exigeoit qu'on lui
donnât des alimens convenables ;

bles ; ſes Filles qui l'aimoient tendrement auroient volontiers laiſſé agir leur affection, en lui procurant tout ce qu'elles jugeoient propre à lui être de quelque adouciſſement ; mais ſa mortification, en auroit trop ſouffert , & elle ſçavoit arrêter leur zèle ; elle ne goûtoit jamais que d'un ſeul mets, encore falloit-il qu'il fût ſans aucun aſſaiſonnement : elle ne conſentoit même d'en manger que lorſqu'il étoit apprêté d'une manière à dégoûter ceux qui auroient eu le plus grand appetit ; pour le rendre encore plus mauvais au goût , elle mêloit à chaque morceau de l'écorce d'orange boüillie dans l'eau ; ſouvent elle machoit de l'abſinthe, ou quelque chose d'aussi amer ; elle flairoit les odeurs les plus fortes & les plus insuportables ; & quand les Médecins, vouloient lui répréfenter qu'elle augmentoit ses maux , elle leur répondoit que c'étoit-là aucontraire un reméde efficace pour ceux qui l'incommodoient le plus : ne laissant ainsi échaper aucune occasion de mortifier ses sens.

Les Infirmieres lui apportoient - elles quelque chose d'extraordinaire , elle paroissoit s'en réjoüir & en goûtoit par pure complaisance , mais elle renvoyoit aussitôt le reste aux autres malades. Si elle s'apercevoit que ses boüillons étoient faits avec de la volaille , afin d'avoir un prétexte de les refuser , elle suppofoit qu'ils étoient d'un goût infuportable. Il ne fut jamais poffible de la faire manger d'aucune forte de gibier, ou d'autres mets délicats; elle foûtint toûjours qu'elle ne pouvoit vaincre la répugnance qu'elle avoit pour ces fortes de viandes, & que l'ufage en étoit contraire à fes maux.

Au plus fort de l'Eté, fa boiffon ordinaire étoit de l'eau prefque boüillante; & elle prétextoit que fes douleurs d'eftomach l'exigeoient ainfi, mais la mortification en étoit le véritable motif. Elle s'étoit enfin fi fort alterée le goût, que la médecine la plus amére ou la liqueur la plus délicieufe, le miel ou le fiel, tout lui paroiffoit avoir la

même faveur. Une Infirmiére ayant pris par distraction
de l'eau, dans laquelle on
avoit lavé les entrailles d'un
agneau, la lui donna pour du
boüillon, sans plus de réfle-
xion. Quelques instans après
elle s'aperçut de son erreur, &
lui en demanda humblement
pardon, mais la sainte fille
paroissant extrêmement sur-
prise lui répondit : "Que dit-
„ tes-vous, ma sœur, le boüil-
„ lon que vous m'avez appor-
„ té étoit excellent. „

Il seroit difficile d'exprimer
ce qu'elle souffroit dans le
cours de ses infirmitez, sans
que la moindre plainte lui
échapât jamais. Quel que fût
le zéle des Infirmiéres à s'acquiter des devoirs que la charité attache à leurs emplois,

elles commettroient néanmoins quelquéfois des fautes affez confiderables. La fainte fille en fouffroit fouvent, mais elle s'en glorifioit intérieurement, & elle fe plaifoit même dans ces contre-tems. On la bruloit quelquefoisenvoulant lachauffer, & quoique quelquefois diverfes parties de fon corps en portaffent des marques qui démontroient affez la douleur qu'on lui avoit caufée, elle étoit auffi indifférente, que fi elle eût été privée de tout fentiment.

Lorfque l'Inftitut fe fut multiplié, on deftina pour une autre Communauté, celle des Infirmiéres qui lui étoit le plus attachée & qui la fervoit avec le plus d'affection; il fuffifoit que quelque chofe lui fût, utile pour se presser de s'en priver ; ainsi cette fille lui ayant dit la veille de son départ, que puisqu'elle devoit la quitter le lendemain, sans espérance de la revoir, elle vouloit commencer dans la minute à se priver de sa présence, afin de voir si elle pourroit suporter son éloignement, & rendre moins sensible une séparation qui l'affligeoit extrêmement ; la Mere Jeanne de Jesus lui répondit, sans témoigner cequ'elle ressentoit elle-même de cette séparation " Faites ce que vous „ voudrez. „

L'Infirmiére sortit de lachambre sans s'apercevoir qu'il y avoit biendes chosesdérangées, &sans en donner avis àpersonne. Uue jeune Demoiselle qui avoit demandé d'entrer en probation devoit ce jour là faire fa premiére vifite à la Supérieure; il ne convenoit pas qu'elle trouvât la chambre mal en ordre ; la Mere Jeanne de Jefus voyant que l'Infirmiére avoit négligé de la ranger fe leva auffi-tôt , & appuyée fur fon bâton elle commençoit d'agir, quand elle tomba de foiblefle en voulant placer une chaife. Elle fe foula le pied par cette chute ; & malgré la douleur qu'elle reffentoit, elle auroit gardé le filence, fi les Réligieufes, qui entrérent dans la Chambre, ne fe fuffent aperçûës que fon pied étoit enflé confidérablement. Celle qui par fon imprudence avoit caufé cet accident, s'attendoit du moins à quelque froideur de la part de la Supérieure ; mais la fainta fille à qui rien n'étoit capable de caufer la moindre émotion, lui parla avec fa bonté & fa douceur ordinaire. Toujours perfuadée que les créatures ne lui caufoient ces peines que par une expreffe volonté de Dieu, elle les recevoit avec joye, comme autant de moyens de fe mortifier que fa Providence lui fourniffoit.

Cette Infirmiére ne fut pas la feule, qui d'accord avec la Providence, lui procura de nouvelles occafions de fouffrir ; mais rien ne put jamais la féparer de la charité de Jefus-Chrift, ni l'empêcher de poffeder fon ame dans cette patience, dont-il eft parlé dans

les Saintes Ecritures. Infor-
mée qu'il s'étoit commis au
Chœur quelques fautes qui
avoient échapé à la pénétration de la Mere Affiftante,
elle l'avertit d'y prende garde. Celle-ci bien loin de recevoir cet avis avec douceur,
foûtint avec opiniâtreté que
la chofe n'étoit point ainfi.
La Mere Jeanne de Jefus affurée de ce qu'elle avoit dit,
au lieu de défigner des fautes
que l'Affiftante n'auroit pû dé-
favoüer, lui demanda pardon
la larme à l'œil : " Je fuis dit-
,, elle, une pauvre miférable
,, & une fuperbe, je vous ai
,, donné un avis avec trop de
,, paffion ; & c'eft à tord que
,, j'exigeois dans les autres une
,, perfection que je fuis bien
,, éloignée d'avoir. ,,

L'Affiftante frappée de ces paroles, qui la firent rentrer en elle-même, fe jetta à fes pieds & lui fit fes excufes : mais la Supérieure la conjura de fe rélever, & lui demanda dérechef pardon : craignant toujours d'avoir manqué dans fa façon d'agir avec elle ; & joignant ainfi la douceur à l'humilité , comme le Sauveur du Monde qui avertit fes Difciples que c'étoient là fes qualitez diftinctives.

Cette vertu venoit du même principe quel'humilité ; la Ste. fille n'avoit de dureté que pour elle-même ; & quoique la pénitence rigoureufe qu'on exerce influë quelquefois fur les fentimens que l'on a pour les autres, il n'en étoit point ainſi de la Mere Jeanne de Jeſus ; tout étoit en elle ſi different pour elle - même & à l'égard des autres, qu'on auroit dit qu'elle étoit de deux êtres entiérement diſtinct. Son induſtrieuſe application à ſe mortifier, qui la rendoit extrêmement dure envers elle-même , n'alteroit en aucune façon la douceur charitable qu'elle avoit pour les autres. Tandis qu'accablée d'infirmités, elle ſe réfuſoit par un eſprit de pénitence, juſques aux choſes les plus néceſſaires , rien ne lui coûtoit pour apporter du ſoulagement à celles de ces filles , qui reſſentoient la moindre incommodité.

Elle leur apprêtoit ſouvent elle-même à manger , & cher-

choit tout ce qui pouvoit flatter leur goût ; fi elle ne pouvoit rendre cet office, elle
exigeoit qu'on lui montrât ce
qu'on leur donnoit ; & elle fe
plaignoit alors qu'on avoit
pour elle plus d'attention que
pour les autres. Elle leur faifoit porter tout ce qu'on lui
fervoit, dès qu'elle le croyoit
bien apprêté ; & ne manquoit
jamais de les envoyer vifiter
par les Infirmiéres , & de leur
fournir tout ce qui pouvoit
leur procurer quelque confolation.

Elle n'obfcurcit point le mérite de fa pénitence par aucun de ces défauts qui ne font
quelquefois que trop communs
parmi ceux qui font profeffion de cette vertu. Elle connoiffoit trop combien une perfonne

fonne chargée du gouvernement d'une Communauté doit,
en donnant l'exemple de la ferveur, compatir aux infirmitez
& aux foibleffes des autres.
Elle n'étoit point de ces pénitens outrez qui par un ca-
price déraifonnable, plutôt
que par un zéle véritable,
veulent tracer à tous les hommes un plan de vie, que peu
de perfonnes font capables de
fuivre, de ces pénitens qui remplis de vaine idée de ce qu'ils
pratiquent fe fçavent bon gré
de ce qu'ils fouffrent, & fe dé-
chaînent indifcretement contre tous ceux qu'ils croyent
ne point fouffrir ou fouffrir
moins qu'eux : de ces pénitens
enfin qui contre le confeil de
l'Apôtre condamnent ceux qui
mangent parce qu'ils font con-

dammez à jeûner ; qui en un mot plus attentifs à paroître pénitens qu'à l'être en effet affectent un air de feverité, & paroiffent toujours tellement hériffez de mortifications, qu'on n'ofe les aborder qu'en trenblant ; & qui fe répentant prefque de leur pénitence, cherchent par-tout à fe décharger de leur croix, & tâchent de faire porter aux autres une partie des peines qu'ils fe fon impofées.

La Mere Jeanne de Jefus, véritablement pénitente refervoit toute l'amertume des croix & des mortifications pour elle-même. Elle ne laiffoit aux autres que ces douceurs que les faintes ames trouvent dans la pénitence; toujours acceffible, fans ceffe compatiffante, elle

ne pouvoir voit souffrir personne, sans souffrir avec lui,
& sans lui apporter tout le
soulagement dont-elle étoit capable.

Quelque délicate qu'elle
fût, elle se chargea de panser
elle-même la playe d'une des
Novices ; les ulceres les plus af-
freux dont cette playe étoit
environnés, ni la pourriture
qui en découloit ne la dégou-
toient point, tandis que toutes les autres Réligieuses en
avoient horreur : peut-être se
seroit-elle de déterminée à la
succer, si elle se fût imaginée
de la guerir par ce moyen.

Mais cette grande charité
qu'elle avoit pour les nécessités
corporelles de ses Réligieuses
n'étoit rien en comparaison
de celle dont elle étoit ani-

mée pour les choses spirituelles. La Gloire de Dieu, le salut
des ames lui faisoient bientôt
perdre de vûë tout autre in-
terèt ; dans l'établissement de
son Monastére , la charité la
plus désinteressée n'eût pas
jugé hors de propos de
fonder une Maison qui eût
dequoi fournir à la subsistance
des Réligieuses , mais la Mere
Jeanne de Jesus ne fit attention qu'au merite des Filles
qui se présentoient pour être
reçûes , sans aucun égard pour
leur fortune. Elle en admit
beaucoup plus de pauvres que
de riches, sans se mettre en
peine de ce qu'elles apportoient : disant que le vertu
des Filles & non leur dot faisoit les bons Monastéres.
Parmi celles qui étoient peu

pourvuës des biens de la fortune, elle en reçut trois d'une
grande beauté, pour les mettre à couvert du danger auquel leurs attraits auroient
pû les expofer dans le monde.

Sa charité n'avoit pas les
feules Réligieufes pour objet ;
elle s'étendoit encore au dehors, & n'excluoit perfonne.
Bien éloignée des fentimens
qu'infpire la baffe jaloufie,
qui ne voit qu'avec peine les
progrez des autres, & qui
tache de raporter tout à foy,
elle voyoit d'un œil égal les
fuccez des autres Ordres réligieux ; & y contribuoit même
autant qu'elle pouvoit, toutes
les fois que l'occafion s'en préfentoit.

Si une Fille la confultoit
fur fa vocation, quelque bonne

qualité qu'elle lui connût,
elle ne lui conseilloit jamais
de choisir son Monastére par
préference à un autre ; & si
elle lui remarquoit quelque
penchant pour un Institut different de celui des Filles de
Sainte Ursule, elle étoit la
premiere à l'encourager de
l'embrasser : ne cherchant en
cela que la Gloire de Dieu,
qu'elle croyoit toujours assurée, quand on marchoit dans
les voyes de la vertu.

Tous les Ordres réligieux
lui étoient également chers
& respectables ; & elle employoit son credit, pour leur
procurer quelque établissement, n'épargnant ni peines,
ni soins, ni sollicitations. Elle
en donna une preuve bien
sensible, lorsqu'un Réli-

gieux à qui un pieté folide
& une profonde érudition, a-
voient acquis à jufte titre une
grande réputation, voulut
l'engager à empêcher l'établiffement des Réligieufes de
la Vifitation dans la Ville
d'Arles, dont-il étoit alors
queftion. Elle ne put lui dif-
fimuler fon étonnement, &
même une efpece d'indigna-
tion de le voir dans ces fentimens. " Ah ! mon Pere, lui
„ dit elle, que me propofez-
„ vous ? Je fouhaite au con-
„ traire de tout mon cœur, de
„ contribuer à cet établiffe-
„ ment, fallût il facrifier ma
„ propre vie. Je ferai tout ce
„ qui dépendra de moi pour
„ procurer un fi grand bien à
„ la Ville d'Arles ; & fi on avoit
„ befoin de mon propre Mo-

„ naſtére, je le cederois volon-
„ tiers : me flattant que la di-
„ vine Providence ne manque-
„ roit pas de pourvoir de re-
„ traite à mes Filles. „

L'évenement fit aſſez voir quelle étoit ſa ſincerité en cette occaſion, & que ſon cœur ne démentoit pas ſa bouche ; elle aida les Réligieuſes de la Viſitation de tout ſon pouvoir ; & quand elles eurent été reçûes dans la Ville, ſa joye ne put ſe contenir ; elle dit à ſes Filles. " Réjoüiſſons-nous, mes
„ cheres Sœurs, le Seigneur
„ nous favoriſe ; la Ville d'Ar-
„ les va retirer de grands avan-
„ tages par les biens que ces
„ Dames procureront à ſes
„ Habitans. "

Lorſque la Communauté étoit aſſemblée, elle recom-

mandoit toujours à ſes Réligieuſes, d'une maniére très-
particuliere, de prier pour les
néceſſitez de l'Egliſe, pour
tous les Princes Eccleſiaſtiques
& Seculiers. La veille du jour
auquel on devoit proceder à
l'Election des Magiſtrats de
la Ville, elle ordonnoit qu'une
de ſes Filles ſe tînt en Oraiſon
juſques à ce que l'Election fût
achevée, pour demander à
Dieu qu'on n'âgît que ſelon
les deſſeins de ſa Providence:
ne recherchant en tout & ne
ſouhaitant autre choſe que ſa
plus grande gloire.

Si elle apprenoit quelque
fois qu'une perſonne, dont la
vertu étoit ſuſpecte, ou qui
tenoit une conduite peu regu-
liere, venoit de mourir d'une
mort imprevuë, elle en étoit

fi vivement touchée, que fa douleur fe manisfeftoit par des convulfions, fouvent fuivies d'une entiere défaillance. Elle pleura amerement la mort d'un jeune Juif qui étoit fouvent venu au Parloir ; & fes Filles lui ayant réprefenté qu'il ne falloit pas s'affliger ainfi, pour un Juif. " Ah !
„ mes cheres Sœurs, leur ré-
„ pondit-elle, que mes larmes
„ ont une caufe legitime.
„ L'ame de ce Juif eft perduë
„ pour toujours ; & je me vois
„ bien peu reconnoiffante dela
„ grace que Dieu m'a faite d'ê-
„ tre née dans le fein de fon E-
„ glife, & de m'avoir appellée
„ dans fa fainte Maifon, où
„ avec le fecours de fa grace,
„ je puis travailler à mon fa-
„ lut. „

La confiance eſt inſeparable de l'Amour. La Mere Jeanne de Jeſus qui aimoit Dieu de tout ſon cœur, ſe confia toujours uniquement en lui ; elle ne chercha jamais que ſon Royaume & ſa juſtice, ſans ſe mettre en peine des néceſſitez corporelles. Rien de tout ce qui pouvoit lui arriver de facheux ou de funeſte en apparence, ne fut jamais capable de lui faire perdre un ſeul moment de vûë cette parfaite confiance en la bonté du Seigneur. Ses Filles lui parlant un jour avec une eſpece de trouble, des dettes que le Monaſtére avoit été obligé de contraĉter, & des grandes charges qu'il ſuportoit ; elle leur répondit qu'elle n'y penſoit point, & que quand même tout cela feroit encore plus confiderable, elle n'y feroit pas plus d'attention. „ Tout eft, contina-t'elle, „ entre les mains de la Provi- „ dence. Je fuis affurée que fi „ nous fommes fidelles à la „ grace de nôtre vocation, „ Dieu tireroit plûtôt l'huile „ des pierres les plus dures, „ que de nous laiffer manquer „ du néceffaire. Mais fi aucon- „ traire nous avons le malheur „ de nous écarter des devoirs „ de nôtre vocation, nous „ fommes indignes de recevoir „ le moindre bien temporel „ ou fpirituel : d'ailleurs, mes „ cheres Filles, n'avons-nous „ pas fait vœu de vivre dans „ la pauvreté ? Devons-nous „ défirer l'abondance de toute „ chofe, comme dans les Mai-

fons

„ fons féculieres les plus opu-
„ lentes ?

On fouffre quelque-fois volontiers dans la Réligion les
incommoditez de l'indigence ;
mais fous le prétexte fpécieux
d'une plus grande pauvreté,
on cherche à fe procurer par
une œconomie auftere qui dé-
genere fouvent en une for-
dide avarice les fecours que la
Providence juge à propos de
refufer. La Mere Jeanne de
Jefus ne connut jamais cette
vaine & odieufe précaution;
quoique pauvre, elle fnt
genereufe & liberale ; & fi en
fon particulier elle obferva
fonvœudepauvreté avec l'exactitude la plus fcrupuleufe, elle
fembloit oublier cette vertu,
quand il étoit queftion de fou-
lager le prochain. La compaf-

T

fion avoit pris dès fes plus jeunes ans, un fi grand empire fur
fon cœur, qu'elle s'étendoit, in-
differemment fur tout ce qui
portoit le nom d'indigent. Elle
donnoit fans referve; & fes libé-
ralitez paroiffoient fi fort au-
deffus de fon pouvoir, qu'on
croyoit fon Monaftére très-ri-
che, tandis qu'il étoit dans le
fond affez pauvre.

Quoique fa charité n'ex-
ceptât ainfi perfonne, elle voû-
loit toute-fois qu'on diftin-
guât les Réligieux, & qu'on
leur donnât liberalement, même à ceux qui paffoient, peut-
être mal à propos, pour vivre
éloignez de l'efprit de réfor-
me dont-ils faifoient profeffion. Elle difoit que les Réligieux les moins parfaits, l'é-
toient encore plus qu'on ne

l'eſt ordinairement dans le Monde, & qu'il ſuffit d'avoir tout quitté pour ſuivre Jeſus-Chriſt, afin d'avoir une eſpéce de droit ſur les charitez des Fidelles. Dans quelque beſoin que ſe trouvât ſon Monaſtére, elle avoit défendu très-expreſſement de leur rien réfuſer; & elle vouloit même qu'on cherchât ailleurs ce qui leur étoit néceſſaire, quand on ne l'avoit pas dans la Maiſon.

Elle n'eût abſolument pas ſouffert, qu'on lui eût parlé d'épargner dans ces ſortes d'occaſions, & qu'on lui eût répreſenté que le Monaſtére étoit pauvre & manquoit de bien des choſes. Elle avoit continuellement dans la bouche ces paroles du Sauveur: "Don-

„ nez, & l'on vous donnera , „
& répétoit souvent à ses filles, que les aumônes n'apau-
vrissent jamais : tant cette vertu est accompagnée d'un mérite particuler. " C'est, leur di-
„ soit-elle , une source vive &
„ intarissable; le Seigneur tient
„ un compte exact de tout ce
„ que nous donnons en son
„ nom, & nous le rend au cen-
„ tuple. La meilleure réserve
„ que nous puissions faire pour
„ nos nécessitez à venir, c'est
„ de remplir les coffres de la
„ Charité. Outre les biens
„ qu'elle nous procurera dans
„ ce Monde, nous aurons des
„ amis qui nous récevront un
„ jour dans les Tabernacles
„ éternels. „

Animée par ce principe de
charité , elle tâchoit de le gra-

ver profondement dans le cœur de ſes filles ; pénétrée de ces ſentimens, elle s'en ſervoit comme autant de nouveaux motifs pour affermir ſa confiance en Dieu. Elle n'y fonda pas en vain ſon eſpérance ; ſouvent par des voyes ſécretes & des reſſources inattenduës, le Seigneur augmenta les biens de ſon Monaſtére ; & des ſommes aſſez conſidérables qu'elle avoit données par aumône lui furent renduës avec profuſion.

C'eſt ce qui étoit arrivé particuliérement à l'égard du Juif dont-il a été parlé. Ce jeune homme avoit fait demander à la Mere Jeanne de Jeſus quelque peu d'argent dont-il avoit un preſſant beſoin. La ſomme quoique modique étoit tout ce que la Dépositaire se trouvoit [en mains pour acheter les provisions de la Maison ; cette Réligieuse , ne vouloit pas s'en défaire & fit de vives répréfentations à la Supérieure. " „ N'importe . lui répondit la „ Mere Jeanne , donnés tou- „ jours , & ayez confiance en „ Dieu. „ La Dépositaire obéit ; & à son grand étonnement , Dieu lui fournit bientôt après dequoi pourvoir abondamment le Monastére , une personne étant venuë lui apporter une somme considérable , dont elle faisoit présent.

Le Seigneur avoit donné à la Mere Jeanne de Jesus une inclination si bienfaisante & elle se plaisoit tant à donner, qu'elle craignoit quelquefois que la satisfaction qu'elle avoit alors ne diminuât le mérite de ses charitez, & que l'amour propre n'y prît plus de part que l'amour divin. Lorsque pour se conformer à ses intentions, les Réligieuses avoient fait quelques charitez aux pauvres, ou quelques préfens à de Réligieux, elle s'en réjoüissoit avec elles, & leur répetoit souvent avec complaifance : " Eſt-il bien vrai, mes „ cheres filles, que vous ayez „ fait un tel préfent ? Dieu „ veüille vous en tenir comp- „te ; „ Elle leur répetoit souvent les même paroles, pour augmenter la satisfaction que leur réponfe lui procuroit.

Dieu prend plaifir à se communiquer aux perfonnes humbles, pénitentes, mortifiées &

charitables ; la Mere Jeanne de Jesus possedoit toutes ces vertus dans un degré de perfection peu ordinaire : doit-on être surpris des communications qu'elle avoit le Seigneur ? Son humilité les a faites cacher, mais il est aisé de les concevoir quand on sçait qu'elle étoit continuellement en oraison. Elle avoit toute-fois autant de crainte de paroître contemplative, que d'attention à s'appliquer à la contemplation. On a rémarqué qu'elle vint au monde à-peu-près dans le même tems que Sainte Therese de Jesus en sortit ; ainsi l'on peut dire qu'elle succéda à cette grande Sainte dans son intime union avec Dieu.

On trouva après sa mort

plufieurs cahiers & plufieurs billets écrits de fa main ; ces écrits font mêlés de chifres ; & quoiqu'il y ait un alphabet, il eft néanmoins fi obfcur, qu'on a eu bien de la peine à les inteprêter. Un Pere de la Compagnie de Jefus qui eft venu à bout d'en déchifrer quelque chofe, à fait comprendre que ces écrits contenoient les faveurs extraordinaires que Dien avoit faites à la Mere Jeanne de Jefus pendant fes exercices fpirituels, & qu'elle cachoit avec la plus grande précaution.

La conduite de cette fainte fille à cet égard, ne doit cependant pas faire blamer celle de tant de Saints & de Saintes, qui par obéïffance aux ordres de leurs Directeurs,

ou par une inspiration particuliére du Ciel, ont mis au
jour leurs révelations & leurs
extases, Dieu nous conduit à
lui par les voyes qu'il lui plait,
& il est le maître de manifester ses dons lorsqu'il le juge à propos ? Quand il place
quelqu'un sur le chandelier,
il sçait, par des graces spécia-
les, le mettre à l'abri de la vanité & de l'amour propre ;
comme quand il a dessein
de cacher ses dons, il sçait
prévenir, par de nouvelles graces, ceux dont l'humilité doit
être le caractére particulier,
afin que sous le voile de cette
vertu, les faveurs les plus dis-
tinguées soient en sûreté.

Les humbles suivent cette
maxime de l'Evangile, qu'il
faut cacher son trésor, de peur

d'être volé quand on le porte publiquement dans le chemin. La Mere Jeanne de Jesus ne parla jamais d'oraisons réle-vées, de visions, d'illustra-tions, de révelations, ou au-tres choses semblables, pour se conserver dans l'humilité ; ses discours ne rouloient que sur la mortification, sur la pa-tience, sur l'obéïssance, sur l'a-mour des croix & des souf-frances ; & elle assuroit tou-jours que la perfection con-sistoit dans la pratique cons-tante de ces vertus?

Vouloit - elle prier elle di-soit ordinairement. Helas ! „ je suis & je vis comme une „ pauvre bête. Je n'ai pas en-„ core dit un *Pater*. Mes che-„ res filles, permettez s'ilvous „ plait que je le dise. „ Elle avoit un grand don d'oraison, comme il eſt aiſé de s'en convaincre par les excellentes inſtructions qu'elle a laiſſées pour conferer & s'entretenir avec Dieu. On l'entendoit dire très ſouvent, qu'elle ne ſavoit pas prier vocalement; qu'elle étoit encore moins propre à faire l'oraiſon mentale, & qu'elle n'étoit preſque pas chrêtienne.

Quoiqu'elle fût accoûtumée à s'entrétenir familiérement avec Dieu, elle avoit un ſoin particulier de ſe faire lire ſoir & matin les points de la méditation, comme auroit fait une ſimple Novice, ou la perſonne le moins accoûtumée à méditer. C'eſt dans cette ſainte pratique qu'elle élevoit ſes Réligieuſes. El-

le la jugeoit très - importante , „ pour ne pas, difoit-elle ,
„ vouloir tenter Dieu. „ Après
la lecture de la méditation
elle feignoit vouloir dormir ,
mais c'étoit pour être plus en
liberté d'élever fon efprit à
Dieu , & de fe donner toute
entiere à l'oraifon. „ Retirez-
„ vous , mes cheres filles , di-
„ foit-elle à fes Religieufes ,
„ j'ai befoin de répofer. „ C'é-
toit réellement pour elle le
plus doux répos , lorfqu'après
avoir éloigné de fon efprit
toute penfée temporelle , toutes les affections de fon cœur
fe raportoient à Dieu.

Mais pour cacher encore
mieux les communications familieres qu'elle avoit avec le
Seigneur & ce culte fpirituel qu'elle lui rendoit, elle
V

montroit un zéle extraordinaire pour toutes les dévotions
exterieures. Elle en marquoit
beaucoup pour les faintes Images , dont fa chambre étoit
ornée. Elle y fixoit fouvent
fes régards, & fe profternoit
devant elles. Son frere, homme très-fpirituel, qui connoiffoit une partie de fon inte-
rieur , lui temoignant combien il étoit furpris de la voir
ainfi attachée à des Images.

„ Je fuis fi groffiere & fi ma-
„ terielle, lui répondit la Mere
„ Jeanne de Jefus , que j'ai
„ befoin d'être excitée à la dé-
„ votion par des objets fenfi-
„ bles ; & il feroit même à
„ propos de me donner le nom
„ de fœur Jeanne des Images. „
Tous ces faints & pieux ar-
tifices lui furent neanmoins

inutiles. Un feu ardent ne ſauroit être long tems caché ; il
parut bien des étincelles de
celui dont la Mere Jeanne de
Jeſus brûloit interieurement.
Les Religieuſes la virent ſouvent au ſortir de l'Oraiſon avec
des yeux extrêmement ani-
mez ; & des rayons de lumiere, qui éclatoient ſur ſon viſage, trahirent le ſecret de
ſon cœur & firent connoître
les faveurs que le Ciel lui pro-
diguoit ; mais on les découvroit encore plus particuliérement par la ferveur de ſa
dévotion.

De toutes les pratiques qui
lui étoient le plus familieres,
celle pour qui elle avoit une
plus grande affection regardoit la Sainte Trinité & la
Paſſion de N. S. Jeſus-Chriſt.

Ce Myſtere incompréhenſi-
ble, & les ſouffrances de notre divin Maître étoient le
ſujet de ſes plus longues méditations. On la voyoit tous
les Vendredis dans une ſainte
& continuelle triſteſſe ; elle
ne parloit que de ce que le
Seigneur avoit ſouffert ſur la
Croix pour la Redemption
des hommes ; & on connoiſſoit combien ſon ame étoit pénétrée des ſentimens d'une vive
douleur. Il falloit bien ſe garder de lui dire la moindre choſe, qui eût raport à quelque recréation, ou lui montrer quelque choſe d'agreable à la vûë.
Quelque beſoin qu'elle eût eu
de changer de linge, on n'auroit jamais pû l'y déterminer
ce jour-là ; & elle tâchoit par
toute ſorte de moyens d'aug-

menter les mortifications qu'elle pratiquoit ordinairement.

L'Infirmiere s'étant avisée
de lui demander la raison de
cette conduite, elle en donna plusieurs qui tendoient toutes à cacher ses bonnes œuvres sous le voile de l'humilité; elle dit enfin qu'elle choi-
sissoit cette petite croix, pour
en éviter une plus grande :
voulant ainsi persuader que la
dévotion n'y avoit point de
part, mais seulement la vûë
d'éviter une punition qu'elle
croyoit mériter.

Après tout ce qui a été raporté de son caractere, on ne
doit pas faire difficulté d'a-
vancer que par un principe
d'humilité, elle pensoit ainsi
d'elle - même. Ce fut sans
doute dans le même esprit,

que quoiqu'elle eût cette finguliere dévotion pour la Croix
du Sauveur , on ne lui vit jamais tenir le Crucifix en main,
le croyant indigne de toucher
à ce figne adorable de notre
Redemption ; elle fe contentoit de baifer le pied de la
Croix, avec un refpect très profond , fans ofer approcher fes
levres de l'Image de Jefus-
Chrift.

Elle n'avoit pas moins de
dévotion pour l'Augufte Sacrement de nos Autels. Avec
quel zéle & quel empreffement n'avoit - t'elle pas foin
des ornemens & de la décoration des lieux faints ! Elle
ne vouloit pas qu'ils fe ref-
fentiffent de cette pauvreté
dont elle faifoit gloire par
tout ailleurs. Elle n'épargnoit

rien pour avoir de riches ornemens, & rien n'étoit même
jamais assez magnifique. Si ses
filles par un scrupule mal fondé, & par un esprit d'œconomie hors de saison, trouvoient quelquefois excessives
les dépenses qu'elle faisoit en
cette occasion, „ Je vous rui-
„ nerai, leur disoit-elle, mais
„ Dieu vous enrichira, puisque
nous ne travaillons que pour
lui. „ Elle faisoit elle-même les
desseins des ouvrages destinez à
la décoration des Autels ; c'é-
toit-elle qui préparoit tout ce
qui étoit nécessaire pour les So-
lemnitez à l'occasion desquelles on exposoit le Saint Sacrement : honorant ainsi au
dehors, par son industrie, le
Lieu qu'elle adoroit interieurement en esprit & en verité.

Convaincuë que Jesus-Chrift, en inftituant le Sacrement de fon Corps & de fon Sang, n'a voulu fe donner à nous pour nous fervir de nourriture, qu'afin que nous participaffions fouvent à ce celefte Banquet ; preffée d'ailleurs par le defir le plus ardent de s'unir à fon Dieu, elle avoit une veritable faim de ce pain des Anges ; & elle auroit fouhaité de tout fon cœur de pouvoir comme les Prêtres, communier tous les jours. Elle voyoit avec une efpéce de jaloufie, mais fainte, ceux qui participoient fouvent à ce divin Sacrement ; mais concentrée dans l'idée de fon néant, elle s'en abftenoit par un amour également humble, craintif, refpectueux. Cet humble ref-

pect étoit d'ailleurs accompagné du regret de se voir
obligée de faire si souvent porter la Sainte Euchariſtie dans
ſa chambre, & lui faiſoit reſ-
traindre ſes Communions à
tous les huit jours. Les Réligieuſes n'ignoroient pas la
véhemence de ſes deſirs ſur
cette matiere, & lui demandoient quelque-fois pourquoi
elle ne communioit pas plus
ſouvent ; elle leur répondoit
alors que les eſclaves, & les
criminels qui ſont renfermez
dans les cachots, n'aprochoient
pas encore auſſi frequemment
qu'elle, de cet auguſte Sacrement ; & qu'ils en étoient
neanmoins beaucoup plus dignes.

Dans cette idée, il ſeroit
bien difficile d'exprimer com-

ment elle se préparoit à recevoir la sainte Communion. Elle la faisoit toujours préceder par une Confeſſion, acpagnée de tant de larmes & d'une douleur si vive, qu'on auroit dit qu'elle s'étoit renduë coupable des plus grands crimes. Avant que de s'aprocher du Tribunal de la pénitence, peu contente de l'examen le plus rigoureux, elle suplioit encore humblement ſon Infirmiere de lui dire ſes défauts & ce qu'elle pouvoit avoir remarqué en elle d'imparfait ; si cette fille refuſoit de lui donner cette satisfaction, on la voyoit triſte & se plaindre de la maniere la plus touchante, qu'on avoit bien peu d'affection pour elle, ou qu'on la connoiſſoit bien foible , puisqu'on n'osoit pas lui parler.

Pendant toute sa vie elle fit châque année une Confession générale ; & elle apréhendoit toujours qu'il ne fût échapé à sa connoissance quelque défaut qui la rendît indigne de participer à la Sainte Euchariftie. Le Confesseur qui avoit entendu toutes ses confessions annuelles , homme d'une experience confommée dans la direction des confciences & très-digne de foi , a assuré après la mort de la Mere Jeanne de Jesus , que cette fainte fille n'avoit jamais commis aucun péché de propos déliberé ou par malice , & qu'il avoit souvent eu de la peine à trouver matiére d'abfolution. Ce Directeur devoit fans doute la raſſurer, mais la crainte, qui eſt le caractère ordinaire des perſonnes les plus exactes & les plus vertueuſes, lors même que leur innocence peut les raſſurer le plus, eſt trop conforme à la délicateſſe de leur conſcience.

Après la Confeſſion, la Mere Jeanne de Jeſus demandoit pardon à ſon Infirmiere, qui confuſe de voir la Superieure à ſes pieds, ſe proſternoit auſſi-tôt, & lui diſoit : "helas ! „ ma Mere, c'eſt moi qui vous „ prie humblement de me „ pardonner toutes les peines „ que je commets à votre é- „ gard, & toutes les fautes „ que je vous cauſe par mon „ imprudence ou par mon „ ignorance. „ La ſainte fille, qui n'auroit pas voulu ceder

à perſonne en humilité repli-
quoit modeſtement : " Laiſſez-
„ moi faire mon devoir ; je
„ ſuis une ingrate qui , au
„ lieu de reconnoître les biens,
„ & les charitez que vous me
„ faites , vous inquiete ſou-
„ vent par mes paroles ſuper-
„ bes & impatientes , & vous
„ donne continuellement de
„ mauvais exemples & des
„ ſcandales : Je vous en de-
„ mande dérechef pardon. „

Elle ſe préparoit par ces humiliations à recevoir un Dieu ,
qui reſiſte aux Superbes , &
qui donne ſa grace aux Humbles. Elle invoquoit avec confiance tous les Saints en général ; mais elle avoit une devotion particuliere à Sainte
Marie Madelaine & à Sain-
te Thereſe ; à l'imitation de

cette Sainte Vierge, avec laquelle elle avoit des raports particuliers, on l'entendoit souvent proferer ces paroles du Prophéte : " Je chanterai à „ jamais les misericordes du „ Seigneur ; „ & c'est dans ces dispositions qu'elle se nourrissoit du pain des Anges.

La sagesse du monde est inconnuë aux Saints, qui la regardent comme une veritable folie ; la Mere Jeanne de Jesus l'avoit en horreur & sa prudence, qui étoit ce don de sagesse que communique l'Esprit Saint, avoit pour compagne la simplicité de la colombe. Sans repeter ce qui a été dit de la façon dont elle gouvernoit son Monastere, & de ces manieres douces & insinuantes qu'éprouvoient ses

Filles dans toutes les occaſions, on peut dire, qu'elle paroiſ-ſoit quelquefois, pouſſer la douceur & la bonté juſques à l'excez; toute autre qu'el-le, ſe ſeroit expoſée à tom-ber par là dans le mépris d'u-ne Communauté, qui ne ju-geant pas toujours ſainement des choſes, en ne jugeant que ſelon les apparences, pou-voit attribuer à la ſimplicité, ce qui étoit l'effet de la bonté du cœur; mais la Mere Jeanne de Jeſus joignoit à cette dou-ce & à cette ſimplicité des qualitez extraordinaires, & je ne ſçai quoi d'attrayant qui inſpiroit le reſpect à celles là-même de ſes Réligieuſes, qui lui étoient le plus familieres & qui avoient pour elle le plus d'affection.

Rien ne l'affligeoit plus que les imperfections de ses Filles ; mais rien aussi ne lui causoit plus de joye & de satisfaction, que leur avancement spirituel & les bonnes actions qu'elles faisoient. En présence de la Communauté, elle donnoit avec plaisir au merite & à la vertu, des éloges qui, sans désigner les personnes faisoient néanmoins connoître adroitement celles qui s'en étoient renduës dignes ; pendant qu'elles-mêmes avoient plutôt sujet de tomber en confusion, que d'en tirer vanité : ce qui ranimoit leurs desirs de mieux faire encore à l'avenir.

Naturellement grave & serieuse, elle tâchoit de procurer mille petites recréations à ſes Filles ; elle leur faiſoit ſouvent chanter des Cantiques ſpirituels , dans la penſée que ces divertiſſemens innocens a-douciſſoient le joug de la Ré-ligion , & aidoient à faire de plus grands progrez dans la vertu par le relâche qu'ils don-noient à l'eſprit. Elle compoſa même à ce deſſein un aſſez grand nombre d'Hymnes & de Cantiques ſpirituels , dont quelques - uns ont été impri-més ſous ſon nom.

Elle n'étoit pas moins en-tenduë dans les affaires tem-porelles , que pour ce qui ré-gardoit les choſes ſpirituelles ; & elle donna ſouvent des preu-ves de ſon habileté en des cir-conſtances délicates. Dans les conſultations domeſtiques, elle rapelloit avec une préſence

d'efprit admirable , & raportoit toutes les opinions à la
fienne ; & s'il faloit enfuite
confulter les Avocats , il n'en
étoit aucun qui ne foufcrivît
à fon fentiment. Un grand
Prélat, très-capable de juger
fainement, fût chargé d'éxa-
miner, dans une occafion ,des
affaires de la derniere importance qui régardoient le Mo-
neftere ; il fut inftruit de ce
qu'en penfoit la Mere Jeanne de Jefus , & ayant pefé
mûrement toutes les raifons
de part & d'autre , il avoüa
enfin qu'on étoit forcé d'en
paffer par ce que cette fainte
fille avoit décidé.

Sous un guide auffi éclairé, & dont l'expérience étoit
fi grande en toutes chofes ,
le Monaftére de la Ville d'Ar-

les ne pouvoit manquer de devenir la bonne odeur de Jesus-Christ. L'Archevêque qui, pour se conformer à ce qui est prescrit par le Saint Concile de Trente en avoit fait la visite, & avoit été temoin du bon ordre qui regnoit dans cette Maison Réligieuse ; qui avoit vû avec quelle dévotion on s'y occupoit aux exercices de pieté ; & quelle étoit la pratique constante des vertus les plus éminentes qu'on y observoit, en fut si pénétré, qu'il se faisoit un plaisir sensible de publier partout combien ce Monastére étoit digne d'éloge. Il en parla un jour dans l'Hôtel de Ville en présence des Magistrats & des principaux Citoyens, qui y étoient assemblez, en des ter-

mes si expressifs , qu'on auroit
dit qu'il s'agissoit de faire ca-
noniser toutes les Réligieuses.

Mais cette haute réputa-
tion que s'acquit le Monastére d'Arles ne fut pas renfermée
dans la Ville. La rénom-
mée s'étendit bientôt assez
loin. Les Filles de la Congrégation de Sainte Ursule de
Vaulreas , Ville du Comtat
Venaissin , sur la Frontiére du
Dauphiné , ravies des merveilles qu'on en publioit , récher-
cherent avec empressement de
se mettre sous la conduite de
la Mere Jeanne de Jesus , pour
apprendre d'elle la vie réguliére , & se former à l'état
réligieux avec les secours
d'une si sainte Supérieure.
Elles vivoient depuis long-
tems dans un état libre , &

en simple Congrégation , sans toute-fois en être moins ver- tueuses , ni moins zélées pour l'instruction des jeunes filles , ce qui étoit la principale pra- tique de leur Institut. Mais alors animées du désir de ten- dre à la perfection & de ser- vir Dieu avec plus de régula- rité dans l'état réligieux , el- les résolurent de s'adresser à la Mere Jeanne de Jesus. Un pieux Ecclesiastique fut dé- puté à Arles , pour informer la Supérieure du Monastére de Sainte Ursule , de la ré- solution des filles de la Con- grégation de Vaulreas. Son voyage ne pouvoit être plus heureux ; il leur porta l'aveu de la Mere Jeanne de Jesus , qui promit d'aider de tout son pouvoir une aussi sainte en-

tréprife ; & cet aveu fut accompagné de l'approbation de
l'Archevêque.

La douce expérience que
la Mere Jeanne de Jefus
faifoit du bonheur de l'état
réligieux, ne lui permettoit
pas d'être indifférente , pour
ceux qui 'avoient deffein de
l'embraffer. Cette grande affaire fut bientôt terminée ;
& l'on eut pour lors la fatif-
faction de voir dans la Ville
d'Arles rénouveller cet empreffement qu'il y avoit eu
autre-fois pour embraffer la
régle que le Grand Saint Ce-
faire y établit dans le VI.
Siécle.

La Mere Marie Stephani,
qui gouvernoit la Congrégation de Vaulreas, ayant obtenu les Bulles néceffaires à

ſon deſſein , & la permiſſion de l'Evêque de Vai-
ſon ſon Prélat, ſe rendit à
Arles avec un certain nombre
de ſes Filles , pour apprendre ſous la conduite de la
Mere Jeanne de Jeſus , l'obſervance de la vie réligieuſe.
Elles furent reçûë avec les té-
moignages de la joye la plus
ſenſible ; & la Communauté
s'empreſſa de les mettre aux
premiéres épreuves , afin
qu'elles ſe diſpoſaſſent à recevoir le St. Habit de la Réligion.

L'année du Noviciat étant
expirée , les nouvelles Réligieuſes firent les vœux ſolemnels , entre les mains de l'Abbé Rampalle Frere de la Mere Jeanne de Jeſus , Directeur du Monaſtére, & l'un des

Grands Vicaires de l'Archevêque. Cette profession fut faite avec une joye égale, de la part des Filles de la Mere Stephani, & de celle de la Communauté d'Arles. Les nouvelles Professes passerent ensuite encore quelque tems dans le Monastére, & auroient souhaité avec passion d'y finir leurs jours : tant elles trouvoient de charmes sous la conduite d'une Supérieure telle que la Mere Jeanne de Jesus, & des moyens d'avancer à grand pas dans le chemin de la vertu, sous un guide aussi éclairé.

Mais pressées par la charité, qui leur réprésentoit l'obligation d'aller réjoindre leurs Sœurs, qui brûlant de participer à leur bonheur les

attendoient

attendoient avec impatience, elles fe féparérent enfin de la Mere Jeanne, qu'elles régardoient, après Dieu, comme la fource de leur félicité. On fut de part & d'autre très-fenfible à cette féparation ; mais la douleur dont ces filles furent réciproquement pénetrées, n'eut rien de la chair & du fang. Son principe étoit la privation des exemples de vertuqu'elles fe donnoient mutuellement ; & leur douleur ne portât aucune atteinte à la parfaite foumiffion qu'elles avoient à la volonté de Dieu, & à l'obéïffance qu'elles devoient à leurs Supérieurs.

Elles arriverent à Vaulréas remplies de cet efprit de régularité,qu'elles avoient puifé dans la fource la plus pure,

& donnerent commencement au nouveau Monaſtére ſous les auſpices de la Sainte Trinité, dont la Mere Jeanne de Jeſus avoit donné le nom à la Mere Stephani; ce Monaſtére a toujours été floriſſant depuis ſon établiſſement ; un grand nombre de filles y ont ſucceſſivement pratiqué la plus exaĉte obſervance de la Réligion dont la Mere de la Sainte Triaité avoit jetté les fondemens, & qu'elle s'attacha d'enſeigner à ſes filles, en leur donnant les leçons qu'elle avoit appriſes dans le Monaſtére d'Arles ; elle leur propoſoit ſans ceſſe la Mere Jeanne de Jeſus, pour exemple, & leur rétraceoit les vertus qu'elle lui avoit vû pratiquer.

Le Monaſtére de Vaulreas
devint bientôt lui-même une
nouvelle ſource. Il occaſion-
na l'établiſſement de celui de
Bollene , autre Ville du Comtat Venaiſſin , où l'on reçut
la régle & les conſtitutions
de la Mere Jeanne de Jeſus;
& où l'on perſévere encore
aujourd'hui dans la premiére
ferveur de l'Inſtitut.

La Ville d'Avignon , qui
avoit vû éclorre dans ſon ſein
les vertus de la ſainte fille ,
& qui s'étoit privée pour un
tems d'une plante auſſi fécon-
de, en faveur de la Ville d'Arles , exigea enfin qu'elle lui
fût renduë , ou tout au moins
qu'elle lui donnât quelques-
unes de ſes filles héritiéres de
ſon eſprit, pour fonder un nouveau Monaſtére. Avignon avoit

alors pour Pasteur Marius Philonardi, qui se trouvoit en même-tems revêtu de la charge de Vice-Legat. Cet illustre Prélat, que toute sorte de vertus rendoient récommandable dans le spirituel & dans le temporel, de concert avec les Magistrats, & les plus notables de la Ville, députa à Arles pour demander à la Mere Jeanne de Jesus quelques-unes de ses Réligieuses, & interessa dans ce projet l'Abbé Rampalle, qui prêchoit cette année le Carême dans Avignon, & qui s'y prêta avec empressement. Assuré du consentement de sa sœur, il demanda à l'Archevêque d'Arles la permission nécessaire ; & s'étant muni de la Bulle & de toutes les expéditions, il aida lui-même la Mere Jeanne à faire choix des Réligieuses les plus propres au nouvel établiſſement.

La vertu & le mérite furent la seule récommandation; la Supérieure n'eut aucun égard à ce qui pouvoit la toucher en particulier;& ſes propres interêts cedérent à ceux de la Réligion. Elle s'attacha même à faire choix de celles qui lui étoient les plus cheres , & les plus unies entre elles : non parce qu'elle les aimoit d'avantage , mais parce qu'elle en étoit elle-même plus cherie , & qu'elles la ſer. voient avec plus d'affection , afin de trouver par là un nouveau ſujet de ſe mortifier , en ſe privant de leur compagnie. Cette ſéparation ne laiſſa

pas toutefois deluicoûterbeau-
coup ; mais elle ne marqua
pas la moindre senfibilité dans
une occafion fi preffante de
la faire éclater. Elle les nomma en pleine Communauté
avec un vifage ferain & une
parfaite fatisfaction ; & lorfqu'elle leur donna congé, elle les exhorta avec cette gravité mêlée de douceur, qui
rendoit fes difcours fi tou-
chans, & qui changeoit chaque parole en autant d'étincelles qui portoient le feu de
l'Amour divin dans le cœur
de fes filles.

La vertu de ces Réligieu-
fes parut à fon tour dans tout
fon luftre, quand fans les
avoir prévenuës, on leur figni-
fia qu'il falloit partir : autant
afligées de quitter une auffi

bonne Mere, qu'elle pouvoit l'être de se séparer d'elles, on ne leur vit témoigner aucune inquiétude, tant elles avoient appris à rénoncer à tout ce qui pouvoit les flatter. Quelques-unes en quittant Arles, s'éloignoient de leurs Parens ; d'autres des connoissances particuliéres qu'elles pouvoient avoir dans la Ville, & qu'il est si rare que des Réligieuses n'ayent point ; & toutes alloient se séparer d'une bonne Mere qui les chérissoit ; mais vraïes filles d'obéïssance, il n'y eut d'autre délai, depuis la signification de l'ordre jusques au départ, que le tems qu'il falloît pour prendre ce qu'elles devoient emporter.

L'empressement avec lequel

elles furent reçuës dans Avignon , fit affez voir combien on les y défiroit. Plufieurs Dames vinrent à leur rencontre, & on les conduifit à la Maifon qui leur étoit deftinée au milieu des plus grandes acclamations de joye. L'Abbé Rampalle en fut témoin, & ne tarda pas d'en inftruire fa Sœur comptant qu'elle recevroit cette nouvelle avec autant de plaifir, qu'il en avoit à la lui mander. Mais qu'elle étoit éloignée des fentimens de fon Frere ! " Je ,, ne fçaurois me réjoüir, lui ,, répondit-elle , d'une fembla- ,, ble nouvelle. Les œuvres de ,, Dieu ne commencent point ,, ainfi. L'humilité en eft le ,, fondement ; les croix & les ,, humiliations les accompag-

,, nent ; mais, ajoûta-t'elle , il
,, y a du tems pour tout ; &
,, nous irons bientôt prendre
,, notre part des afflictions
,, qui vont fuivre des com-
,, mencemens mêlés de tant
,, de joye. ,, Ce fut là une
prédiction que l'évenement ne
tarda pas de vérifier, comme
on le raportera dans fon tems.

Les Réligieufes qui étoient
venuës fonder le Monaftére
d'Avignon ne leur étoient pas
moins préfentes que fi elles
avoient été dans celui d'Arles.
Elle lui conferva toujours une
affection particuliére ; & l'on
pourroit prefque dire qu'elles
lui étoient même devenuës
plus cheres. Elle leur envoyoit
faire vifite au moins deux fois
la femaine, & pourvoyoit à
leurs néceffitez , leur fournif-

fant toutes les provifions dont-
elles pouvoient avoir befoin.
Elle écrivoit fouvent à la Supérieure, à la Maîtraiffe des
Novices, & même aux Farti-
culiéres, felon que les circon-
tances l'exigeoient; elles les
confoloit & les exhortoit à
s'acquiter avec fidelité des
obligations de leur état.

S'il s'agiffoit de recevoir
une Novice, ou d'en admet-
tre une à la Profeffion, elle
encourageoit ces filles par fes
lettres à perféverer dans leur
réfolution, & leur répréfen-
toit la perfection de leur vocation. Les malades, celles qui
étoient fujettes à quelque incommodité, étoient également
l'objet de fes foins, & quoiqu'il n'y en eût aucune dont
les fouffrances puffent être

comparées aux siennes , elle leur écrivoir pour les consoler , & récommandoit à la Superieure d'en prendre tout le soin qu'elle pourroit. On voit la grandeur de son zéle dans ses lettres , dont on conserve encore les originaux , & que l'on donnera peut-être un jour au Public. C'est - là que l'on peut connoître combien elle étoit remplie de l'Esprit de Dieu qui la dirigeoit dans toutes ses actions. Celle qui concerne la fondation du Monastere d'Avignon mérite surtout une attention particuliere ; les Réligieuses de ce Monastere en ont l'Orininal écrit de sa main ; & l'on a crû devoir l'inférer à la fin de la vie de cette sainte Fille.

Mais si la Mere Jeanne de

Jesus avoit une si tendre affection pour ses filles. Elles
tâchoient de leur en témoigner leur sensibilité par un ré-
tour reciproque. Compatis-
santes aux peines qu'elle souffroit, elles tâchoient de ré-
connoître son attention pour
tout ce qui les régardoit, par
celle de lui procurer un soulagement qu'elle étoit bien é-
loignée de rechercher, ni même de desirer; mais quelque
grand que fût leur empressement à cet égard, il n'égala jamais le sien. Elle auroit voulu
pouvoir se diviser, pour n'ê-
tre pas plus éloignée des unes
que des autres, & partager sa
présence comme elle parta-
geoit ses secours.

Pendant que par la sagesse
de son gouvernement, elle se
concilioit

concilioit tous les cœurs, son Monastere d'Avignon, par je ne sçais quelle fatalité, s'aliena celui des habitans de cette Ville. Cet accüeil & cet empressement que les nouvelles Réligieuses avoient éprouvé, se changerent en haine ; la calomnie tâcha même de flétrir l'innocence de leur vie ; & elles se virent exposées à une violente persecution, ce qui verifia ce que la Mere Jeanne de Jesus avoit prédit.

Quelle occasion de faire agir son zéle ! Malgré ses infirmitez, sous le poids desquelles elle étoit presque accablée, cettte genéreuse Fille prit la résolution de venir visiter le Monastére d'Avignon. L'entreprise étoit hardie, & l'exécution en paroissoit moralement impoſſible. Ce voyage n'étoit pas compatible avec une ſanté auſſi chancellante, & des infirmitez qui ne donnoient preſque aucun moment de relâche. Cette conſidération raſſura les Réligieuſes d'Arles, lorſqu'elles furent informées du deſſein de leur Mere. Elles ne craignoient rien tant que d'être privées de ſa préſence ; & rien ne fut épargné pour empêcher un voyage qui les affligeoit ſi ſenſiblement. Elles ne firent pas difficulté de lui répreſenter qu'elle s'expoſoit viſiblement à périr, mais tous leurs efforts furent inutiles. Le zéle de cette bonne Mere vainquit ſeul, tous les obſtacles, & triompha de toutes les difficultez qu'on lui oppoſa.

Pour ne point agir abfolument contre leur gré, elle fit affembler la Communauté ; & expofa que Dieu vouloit qu'elle fit le voyage d'Avignon, & qu'elle avoit lieu d'en être perfuadée, puifque l'Archevêque d'Arles jugeoit ce voyage tellement néceffaire, qu'il l'avoit exhortée de le faire d'une maniére fi preffante, qu'on ne pouvoit refufer de croire, que c'étoit un ordre précis de fa part. Mais ajoûta-t'elle, " Pour plus grande ,, fûreté, que chacune de vous ,, faffe deux Billets, dans l'un ,, defquels on mettra la néga- ,, tive & dans l'autre l'affir- ,, mative ; & lorfqu'on aura ,, mêlé tous ces billets, cha- ,, cune en tirera un : fi la plu- ,, ralité fe déclare pour la né-

„ gative, je confens à ne point
„ partir. „ Quel fut l'étonnement de ces filles, lorfque tous
les billets qui furent tirez de
l'une portoient l'affirmative !
La Mere Jeanne en prit occafion de leur faire connoître,
comme elle l'avoit déja entre-
pris, que Dieu vouloit ce voyage , puifque fa volonté fe
manifeftoit également par les
exhortations des Supérieurs,
& par la difpofition des billets : " Ainfi, dit-elle, comment
„ refufer de le foumettre aux
„ ordres de la Providence ? „

Elle avoit trop accoutumé
fes filles à une parfaite foumiffion à la volonté du Ciel,
pour craindre après cela qu'-
elles refiftaffent encore. Elles
confentirent donc à fon départ, quelque violence qu'il

en coutât à leur inclination ;
& tout fut preparé pour le
voyage, qui ne fut renvoyé
qu'au lendemain, fans que
perfonne osât y aporter le
moindre retardement. Cependant une palpitation de cœur
extraordinaire & des défaillances prefque continuelles
que la Mere Jeanne eut pendant la nuit, donnerent lieu
de croire que le voyage feroit
rompu ; on ne pouvoit fouffrir des douleurs plus aiguës ;
la Réligieufe, qui veilloit en
fut allarmée ; la Mere Jeanne
s'en apperçut ; mais fon courage furmonta le mal ; & le
jour commençoit à peine de
poindre, qu'elle avertit l'Infirmiere de fe tenir prête pour
l'accompagner ; elle ordonna enfuite a deux autres Réli-

gieufes, de prendre les devans ; & elle les fuivit quelques heures après dans une
chaife à porteurs , ne pouvant
fuporter aucune voiture.

C'étoit dans la Saifon de
l'année où les chaleurs font le
plus exceffives ; il fembloit
qu'on eût choifi exprez l'heure
à laquelle le Soleil lance fes
rayons avec plus de force ;
deux Servantes fuivoient la
chaife ; mais quelque précaution que les porteurs priffent
pour ne pas fatiguer la malade , le mouvement joint à
la grande chaleur, lui caufa
des défaillances & des maux
de tête fi violens, qu'elle étoit
toute en feu , & tellement
fuffoquée , qu'on craignoit à
tout moment de la voir expi-
rer : tout le foulagement qu'on

pouvoit lui procurer , c'étoit
de la laisser répofer de tems
en tems.

Ce n'étoit point encore affez
que de fouffrir toutes ces peines , elle les vit augmenter
par un accident imprevû. Les
deux Réligieufes qui avoient
pris les devans , n'avoient pas
bien compris l'ordre qu'elle
leur avoit donné de l'attendre dans un petit Logis à moi-
tié chemin d'Arles à Taraf-
con , elles prirent la route
de Saint Remy ; & la Mere
Jeanne arrivant dans l'endroit
où elle s'étoit propofée de s'arrêter , fut très affligée de s'y
trouver feule. Au lieu de fe
plaindre de l'inatention de ces
filles, appercevant de petits enfans qui étoient dans le Logis,
elle les appella , & les interro-

gea sur divers articles du Ca-
téchisme , avec cette douceur
& ce visage serain qu'on lui
voyoit dans toutes les occasions où elle avoit le plus de
sujet de faire paroître quelque
contentement. Les Réligieuses
avoient cependant déja fait une
lieuë , sans voir venir leur Supérieure;elles en furent en peine, & revenant sur leurs pas,
elles la trouverent extrêmement abbatuë, quoique parfaitement tranquille. Elle ne les
eut pas plûtôt aperçuës,qu'elle
voulut poursuivre son voyage;
mais il fallut aller à St. Remy
où elles n'arriverent que le
soir ; & elles se rétirerent
dans la Maison d'une des
Parentes de la Mere Jeanne,
qui étoit une Veuve vertueuse
& charitable , très-empressée

de pratiquer toute forte d'actes de pieté.

La Mere Jeanne fe vit obligée de paffer près d'un mois
dans cette Maifon ; & elle y
vêcut comme elle auroit fait
dans fon Monaftere ; on auroit même dit que c'en étoit un
véritable ; elle ne fe difpenfa
d'aucun des exercices en ufage dans la Communauté, lorfqu'elle eut obtenu la permiffion d'y faire dreffer un Oratoire où l'on celébroit la Meffe, & où elle recevoit la fainte Euchariftie. Le repos ayant
procuré quelque foulagement
à fes maux, elle reprit le chemin d'Avignon ; mais fes douleurs fe renouvellerent fur la
route, & elle en fut fi vivement preffée qu'elle fut for-
cée de s'artêter pendant quel-

ques jours dans un Jardin auprès d'Avignon , où tout ce
qu'il y avoit de perſonnes pieuſes dans cette Ville vinrent lui
faire viſite.

Elle prit enfin tout d'un
coup ſa réſolution , & vint
dans ſon Monaſtére. Les Réligieuſes préparées à ſon arri-
vée vouloient la recevoir
avec tous les honneurs qu'-
elles croyoient dévoir à leur
Fondatrice , ce n'étoit pas en
agir comme elle ſouhaitoit :
pour éviter toute marque de
diſtinction, elle entra par la
porte de l'Egliſe ; & après
avoir adoré le Saint Sacrement, elle monta par un petit
eſcalier derobé à la Chambre
qui lui avoit été deſtiné.

On ne ſçauroit bien exprimer la joye dont les Réli-

gieufes furent penetrées de
voir cette tendre Mere , qui
après Dieu poffedoit toute
leur affe¢tion ; elles en donnerent au-dehors les témoigna-
ges les plus vifs ; & ces té-
moignages ne furent encore
que de foibles marques de ce
qu'elles reffentoient interieurement ; elles étoient fi ravies ,
qu'elles ne penferent pas à
procurer à leur Superieure
le moindre moment de repos ;
& elle qui n'en cherchoit
point n'eut d'autre attention
que de travailler inceffamment
à ce qui avoit occafionné fon
voyage.

Sans égard pour tout ce
qu'elle fouffroit , malgré même le redoublement de fes
maux , elle s'appliqua aux affaires Spirituelles & Tempo-

relles du Monaſtére; mais ce fut ſans prendre aucun air d'autorité, ni de domination. Elle fut toûjours ſoumiſe à la Supérieure, & déferoit avec reſpect à toutes ſes volontez. Quoiqu'elle fut la Fondatrice du Monaſtére, & qu'elle eût été en droit d'y occuper la premiere Place, elle ſe ſoumit même à la Mere Aſſiſtante, & quoiqu'elle aidât, cette Réligieuſe de ſes conſeils, elle diſoit toûjours n'être venuë que pour obéir. L'application avec laquelle cette Ste. fille travailla à tout ce qui regardoit la Maiſon ne fut pas inutile. L'orage, qui s'é-toit élevé, & qui ſembloit devoir détruire l'édifice au moment que les fondemens en avoient été élevez, ceſſa tout

d'un

d'un coup, la calomnie se
dissipa ; la persecution dispa-
rut ; les esprits se tranquilli-
sérent dans la Communauté ;
au dehors, les cœurs se
reconciliérent. La Mere Jeanne de Jesus sçut éclaircir les
affaires les plus embroüillées ;
elle vint à bout de terminer
toutes les disputes & prévint
toutes les suites facheuses qui
pouvoient en resulter. Elle fit
par tout paroître un jugement solide, un esprit également vaste & vif, un discer-
nement juste, & de ces tours
simples mais spirituels, par
lesquels ont amene tout à son
projet. Les Réligieuses de ce
Monastére ont même dans les
suites toûjours éprouvé une
assistance particuliere de la
part de leur sainte Mere ; &

malgré diverses viciffitudes
aufquelles elles fe font trou-
vées expofées , elles fe font
foutenuës , & elles tachent
encore aujourd'hui de rapeller
l'efprit de la Fondatrice.

Cette application aux af-
faires effentielles ne lui fit cependant pas négliger les devoirs de bienfeance. Elle témoigna beaucoup de refpeĉt
pour toutes les autres Réligieufes de la Ville , & les fit
vifiter de fa part. Elle leur fit
furtout demander le fecours
de leurs priéres pour fa famille naiffante ; & lorfque
quelque Réligieux venoit à
mourir , elle en ordonnoit
dans la Communauté pour le
répos de fon ame : en un mot
elle noublioit rien de tout ce
qui peut entretenir cette

union fainte qui devroit regner entre toutes les Commu-
nautez Réligieufes, puifqu'-
elles fervent toutes le même
maître.

Pendant les quinze mois
qu'elle paffa dans Avignon,
elle ne fut occupée durant
le jour qu'à procurer la gloire de Dieu & le bien de fon
Monaftére ; & elle employa
la plus grande partie des nuits
à compofer des méditations,
à dreffer des inftructions pour
les Maîtreffes des Novices,
pour celles des Claffes & pour
toute la Communauté. Elle
commençoit de voir fructifier
fes foins & fes veilles, lorfque plufieurs Dames de St.
Remy, lieu de fa naiffance,
la priérent de permettre qu'on
travaillât efficacement à y éta-

blir un Monaſtére de ſon Ordre, pour ſervir à l'éducation des filles du voiſinage.
Le deſir de concourir à tout
ce qui ſe raportoit à la gloire de Dieu, & en même tems
au bien de ſa chere patrie
étoit un motif trop preſſant
pour la Mere Jeanne de Jeſus;
il ne fut pas difficile d'obtenir ſon agrément pour la
nouvelle fondation. Elle ſe
prêta avec zéle à tout ce qu'-
on exigeoit; & les Magiſtrats
de cette Ville ayant donné
leur approbation à cet établiſſement, on obtint les Bulles & les autres expéditions
néceſſaires pour la fondation
du Couvent.

Un certain nombre de Ré-
ligieuſes du Monaſtéred'Arles
vinrent former la nouvelle

Communauté, & s'y renfermérent le 25. Novembre jour de Sainte Catherine. On vit éclater la joye des Habitans de la Ville de St. Remy, lorsque cette Communauté fut en régle & les heureux progrez qu'elle ne tarda pas de faire, furent une preuve non équivoque, que la pensée de l'établir venoit véritablement de Dieu. Cette Communauté naissante ne tarda pas même d'augmenter,& plusieurs filles de condition s'empressérent d'y prendre l'habit.

La Parente de la Mere Jeanne de Jesus, dont-il a déja été parlé, & qu'on nommoit dans le Monde Mademoiselle de Barnel, fut une des personnes, qui crurent

trouver dans le nouveau Monaſtére le port du ſalut ; elle y prit l'abit ſous le nom de
Sœur Cathérine de St. Remy,
& ſe diſtingua dans la Réligion , par cette régularité de
vie , qui l'avoit diſtinguée
dans le Monde pendant ſa vi-
duité ; & elle y finit ſa courſe
d'une maniére à ne laiſſer
aucun doute d'avoir eu part
aux miſéricordes du Seigneur.

La Fondation de ce Cou-
vent fut bientôt ſuivie d'une
autre. La Ville de Taraſcon,
voiſine de celles d'Arles & de
Saint Remy voulut participer
au bonheur dont elles joüiſ-
ſoient & procurer à ſes Habitans les mêmes ſecours que
ceux de ces deux Villes trouvoient auprès des Réligieuſes
de Sainte Urſule pour l'éduca-

tion de leurs Filles. On fit une Députation à la Mere Jeanne de Jeſus pour lui demander quelques-unes de ſes Réligieuſes : Elle conſentit ſans peine à leurs déſirs , mais elle n'eut pas la conſolation dé voir terminer un ſi ſaint Ouvrage.

Le tems auquel le Seigneur avoit réſolu de l'appeller à lui approchoit ; & ſoit qu'elle le connût par le déperiſſement total de ſes forces , ſoit par une revélation particuliere que Dieu en fait ſouvent à ſes Elus , elle ſe préparoit à ſa derniere heure , lorſqu'elle reçut la députation de la Ville de Taraſcon ; elle exhorta ſes Filles, de la maniere du monde la plus preſſante , à concourir à cette bonne œuvre qui s'accomplit peu de tems après sa mort.

La préparation de la Mere Jeanne de Jesus au passage du tems à l'éternité, n'étoit cependant pas pour elle quelque chose de nouveau. Cette sainte Fille s'y étoit préparée presque depuis le moment qu'elle commença de vivre ; & quand on dit qu'elle s'y disposa , on doit entendre qu'elle redoubla dans les dernieres heures de sa vie , les Actes de vertu qu'elle avoit si constamment pratiquez. Elle avoit toujours marché dans les voyes de la justice , elle mourut de la mort des justes;& sa mort précieuse devant Dieu fut en même-tems récommandable aux yeux des hommes. Pour favoriser ses inclinations le Seig-

neur avoit permis qu'elle me-
nât une vie cachée ; mais à ces
derniers momens, il voulut que
fa vertu fe manifeftât ; & il parut même que tout concouroit
aux deffeins de Dieu , pour rélever la gloire du Trépas de la
Mere Jeanne de Jefus.

Les affaires de fes Monaf-
téres n'avoient jamais été fi
embroüillées , les occupations
plus preffantes , les difficultez
plus nombreufes, les contra-
dictions plus grandes , & les
maux de cette fainte Fille fi
violens. On ne peut prefque
exprimer ce qu'elle fouffroit
pour lors ; en proye à des douleurs de tête infuportables ,
à des maux de gorge & d'eftomach , à des ardeurs de poitrine capables de confumer
en peu de tems les corps les

plus robuftes, & à des défaillances de cœur fi continuelles, qu'on croyoit la voir ex-
pirer à chaque inftant : toutes ces différentes fortes de
maux l'avoient réduite fix mois
avant fa mort dans l'état le
plus déplorable, & ne lui laif-
foient pas un feul inftant d'intervalle. Mais la tranquillité
de fon cœur ne fut jamais alterée, elle conferva toujours
la même liberté d'efprit ; &
fon vifage paroiffoit fi ferain, qu'on ne pouvoit fe
laffer d'admirer fa patience,
en compatiffant à fes maux.

Elle eut fans doute, comme
on l'a deja dit, des preffenti-
mens de fa mort ; & l'on peut
ajoûter qu'ils furent fi certains, qu'elle étoit affurée de
l'inftant auquel fon ame iroit

joüir de la gloire des Saints. Elle s'en entretenoit souvent avec ses Réligieuses, quoiqu'en termes couverts ; & elle cachoit ce qu'elle en pensoit, sous le prétexte de la nécessité d'aller à Arles : " Il faut, Mes „ Cheres Filles, leur disoit- „ elle, se retirer d'ici ; & ce sera „ lorsque vous y penserez le „ moins, & sans différer : „ comme quand nous vinmes „ en cette Ville. „ Les Réligieuses que ces paroles pénétroient de douleur lui répondoient : " Que ferons - nous „ sans vous ? Vous êtes notre „ bonne Mere, nous voulons „ vous suivre, vous accompag- „ ner. Non, Mes Filles, répli- „ quoit-elle, j'irai seule pour „ cette fois. Il faut donc, ajoû- „ toient les Réligieuses, vous

„ préparer tout ce qui eſt né-
„ ceſſaire pour ce voyage :
„ Non Mes, Cheres Filles, ajoû-
„ toit la Mere Jeanne de Jeſus
„ en ſoûriant , je n'ai beſoin
„ de rien. Je vais danſ un Mo-
„ naſtére, où l'on trouve tout
„ en abondance. „

On la changea de Chambre
quelques jours avant ſa mort ;
s'étant aſſiſe ſur une petite
chaiſe elle pouſſa un profond
ſoûpir. L'Infirmiere lui demanda auſſitôt avec empreſſement ce qu'elle avoit : " Ah !
„ Ma Fille , lui dit la Mere
„ Jeanne de Jeſus, je penſe à
„ une grande affaire & très-
„ ſerieuſe. „ Apprenant que
toutes les Réligieuſes étoient
dans un petit Jardin attenant
à ſa Chambre , elle ſe mit à
la fenêtre , ce qu'elle n'avoit
peut-

peut-être jamais fait. Les Réligieuſes ſurpriſes de la voir
s'agenoüillérent & lui demandérent ſa bénediction. Cette
tendre Mere qui ſavoit que
ce ſeroit la derniere fois de ſa
vie, leur dit avec les ſentimens les plus vifs d'une ſainte affection: " Mes Cheres Fil-
„ les, Dieu tout bon vous bé-
„ niſſe, au nom du Pere, & du
„ Fils, & du Saint Eſprit. „
   Quoique déja occupée de
la penſée de la mort qu'elle
ſentoit approcher à chaque
inſtant, elle ne négligeoit point
les affaires de ſes Monaſtéres;
l'Abbé Rampalle ſon Frere
étant venu la voir le jour de
la Viſitation de la Sainte Vierge, elle s'entretint quelques
heures avec lui, avec autant
de tranquillité & de préſen-

ce d'efprit, que fi elle n'eût reffenti aucun mal. Elle lui parla de l'élection de la Supérieure, de la direction & de la conduite des Réligieufes qui devoient être employées aux Claffes qu'elle avoit fait ouvrir depuis peu. Son Frere pouffé par je ne fçais quel inftinct, fans penfer qu'elle fût fi proche de fa fin : les Medécins affurant que fa maladie n'étoit qu'un rhume extraordinaire, lui fit plufieurs demandes; elle y fatisfit de façon à ne laiffer aucun doute de la plus parfaite intelligence.

„ Je fuis furpris, lui dit fon „ Frere, qu'ayant fait profef„ fion depuis votre enfance „ d'une vie devote & fpiri„ tuelle, & Dieu ayant lui-

,, même daigné se servir de ,, vous dans des œuvres de ,, pieté , & dans l'execution ,, de plusieurs desseins impor- ,, tans , vous n'ayez cependant ,, jamais eu aucun Directeur ,, à qui vous ayez confié les ,, secrets de votre cœur & de ,, votre conscience ; ,, La Mere Jeanne de Jesus ayant découvert à son Frere dans cette occasion ses pensées les plus secretes , & ne cherchant jamais que celles de s'humi- lier , lui répondit : '' Mon ,, Frere , pourquoi me parlez- ,, vous de Directeur , à moi ,, pauvre misérable , qui ai ,, toujours été indigne de re- ,, cevoir les Sacremens par le ,, moindre Prêtre de l'Eglise ,, de Dieu ; moi qui ai vêcu ,, comme une Bête , & sans

„ presque aucune connoissan-
„ ce de mes devoirs ? A quoi
„ bon un Directeur ? Je suis
„ plus que satisfaite de ce que
„ Dieu m'ait procuré des Con-
„ fesseurs charitables pour
„ m'absoudre de mes crimes
„ & m'en faciliter le pardon,
„ sans que j'aye cherché d'em-
„ barrasser un Directeur & de
„ le détourner d'une meilleu-
„ re œuvre. „

Son Frere lui témoigna dans
la même conférence combien
il étoit réconnoissant de toutes les bontez qu'elle avoit eu
pour lui, & lui demanda ce
qu'elle pensoit de l'affection
qu'elle lui avoit marqué, &
s'il n'y avoit point eu de l'excez. L'Abbé Rampalle pût ai-
sement connoître par la réponse de sa sœur que la per-

fection chrêtienne n'est point
incompatible avec une véritable & sincere amitié entre
des personnes d'un certain
caractére, & surtout lorsqu'-
ils sont unis par les liens du
sang ; mais il put apprendre
en même-tems que cette amitié ne doit jamais exceder les
bornes que la Réligion a pres-
crites. " Ne craignez rien,
„ lui dit-elle, Mon Cher Fre-
„ re, j'ai donné à la nature
„ ce qu'elle exigeoit de moi ;
„ la grace n'y a point été inte-
„ ressée : Dieu est satisfait,
„ soyez en répos. „

L'Abbé Rampalle ne s'en
tint pas là ; il lui parla de la
Supériorité qu'elle avoit exer-
cée pendant si long-tems &
de la déference que les Réligieuses avoient toujours eüe

pour elle La sainte Fille auroit bien voulu garder le silence sur cet article ; d'un côté son humilité la portoit à cacher tout ce qui pouvoit être à son avantage , de l'autre elle appréhendoit de laisser son Frere en peine : elle se fit enfin violence , & lui dit: " Mon ,, Cher Frere , j'ai toujours eu ,, par la miséricorde de Dieu le ,, cœur & les dispositions d'une ,, inférieure ; & je puis vous ,, assûrer que je n'eus jamais ,, un contentement pareil à ,, celui que je goûtai lorsque ,, j'embrassai la vie réligieuse, ,, qui me mettoit dans l'heu- ,, reuse nécessité de me sou- ,, mettre & d'obéir par vœu. ,, Lorsque j'ai été en Charge ,, je n'ai jamais rien fait de ,, moi-même , je me suis tou-

„ jours soumise à Celles qui
„ m'ont été données pour
„ m'assister ou pour me gou-
„ verner. Voilà, Mon Cher
„ Frere, ce que j'ai crû de-
„ voir vous dire pour ne pas
„ trahir la confiance que vous
„ me témoignez.

Elle avoit parlé si long-tems
& avec tant de force, ce qui
ne lui étoit pas ordinaire,
que l'Infirmiére craignant que
l'agitation n'augmentât son
mal, entra dans la chambre
pour interrompre un entretien qui lui paroissoit hors
de saison ; mais la Mere Jeanne de Jesus répondit qu'elle
n'auroit pas le loisir d'ache-
ver une autre fois ce qui
lui restoit à communiquer à
son Frere, & voulut conti-
nuer à lui parler.

Elle lui parla en effet très-peu depuis ce tems-là ; le 6. de Juillet, elle demanda à la Mere Assistante, sur les quatre heures du matin, où étoient les clefs des Portes, & lui dit de les pendre à sa ceinture & d'ordonner que tout fût bien fermé, pour prévenir les accidens qui peuvent arriver dans les grandes affaires. La Réligieuse qui avoit soin d'elle s'aperçut pour lors que la sainte Fille baisant un petit coussin qui renfermoit des Réliques, disoit tout bas : " Je „ ne crains rien assistée de „ Dieu. „ A peine eut-elle proferé ce peu de paroles, que son visage parut enflammé, & tel que celui d'une personne qui se croit au comble de la joye & ne peut s'empêcher de la manifester.

Elle eut envie quelques momens après de manger d'un pain lavé ; elle en prit quelque cuillerées & l'on remarqua qu'ayant trouvé du goût dans le peu qu'elle mangea de ce potage , elle le renvoya aussi-tôt en disant, " il ne faut „ pas s'étonner si les viandes „ délicates flattent plus les „ malades que les viandes com- „ munes. „ Cependant quoique ses infirmitez eussent été presque continuelles , pendant trente ans qu'elle vêcut dans la Réligion , par un esprit de mortification , elle ne fit jamais usage de la premiere sorte de ces viandes.

Une Réligieuse qui étoit malade entra l'après midi dans sa Chambre ; la Mere Jeanne

lui demanda si elle étoit toûjours infirme. " Oüi lui ré-
„ pondit la Réligieuse ; mais
„ non , reprit-elle un instant
„ après, je ne fais pas bien de
„ parler ainsi. J'ai au contraire
„ beaucoup de soulagement :
„ Dieu en soit loüé ; & vous
„ Ma Mere , ajoûta-t'elle à la
„ Mere Jeanne, avez-vous dîné?
„ C'est tout fait pour moy „
répondit la sainte Fille avec
un air satisfait : se réjoüissant
interieurement de l'esperance
qu'elle avoit d'aller bien-tôt
dans la Maison du Seigneur.

Son frere vint la voir peu
de tems après , & lui dit avec
affection. "Eh! quoi, Ma Sœur,
„ vous êtes toûjours dans vos
„ croix? Je suis toûjours , lui
„ répondit-elle, dans mes mi-
„ séres. N'avez - vous point

„ de regret, ajoûta son frere
„ confidemment de n'avoir pas
„ fait tout ce que les Medé-
„ cinsavoient préscrit pour vo-
„ tre guerison? Ne soyez point
„ en peine, repliqua la Mere
„ Jeanne, je l'ai fait autant que
„ Dieu l'a voulu ; il n'a pas
„ exigé davantage de moi. „

Après cet entretien sentant que sa dernière heure approchoit ; & voulant mourir dans l'abandon de ceux qui lui étoient le plus attachez, elle pria son frere de se retirer sous prétexte de quelque indisposition. L'Abbé lui ayant dit que le Pere Recteur du College des Jésuites souhaitoit de l'assister dans ses derniers momens, elle lui répondit qu'elle étoit indigne d'un si grand bienfait ; " Il ne faut pas dit-

„ elle , pour une miserable
„ comme moy détourner un
„ homme auſſi utilement oc-
„ cupé ; priez - le qu'il ne
„ prenne pas la peine de venir ,
„ & demandez lui , en même
„ tems, pardon pour moi de
„ toutes les fatigues que je lui
„ ai occaſionnées , en l'enga-
„ geant à travailler pour le
„ bien ſpirituel de nos pau-
„ vres & petites Familles. „
L'Abbé Rampalle n'eut pas
la force de repliquer ; il ſe
retira le cœur ſerré de douleur , par la certitude qu'il
avoit de ne plus revoir cette
chere Sœur ; mais en même
tems penetré de joye de la
laiſſer dans les ſentimens les
plus héroïques.

La ſainte Fille rapella bientôt après toutes les forces de
ſon

son esprit pour terminer la derniere & la plus importante action de sa vie, & s'étant tournée du côté des Réligieuses qui l'assistoient, elle leur dit. " Voilà mon corps, „ faites-en désormais tout ce „ qu'il vous plaira. „ Ce furent-là ses dernieres paroles ; elle ne pensa plus qu'à consacrer le peu de momens qui lui restoient, par des actes interieurs des vertus qui lui avoient été si familieres pendant sa vie. Elle les passa si absorbée en Dieu, & si fixement attachée à ce cher objet de toute son affection, qu'elle parut sans aucun mouvement.

Les Réligieuses furent bientôt allarmées de la voir en cet état ; on la crut morte ;

cette pensée les troubla ; elles
poussérent des cris perçans ,
& croyoient apaiser leur douleur, en conjurant cette bonne
Mere de ne point les abandonner. Toute la Commu-
nauté fut rassemblée en peu
de tems ; le Recteur des Jésuites & le Confesseur ordinaire du Monastére arrivé-
rent sur l'heure ; on vit la
sainte Fille dans une douce
agonie, les yeux ouverts , fixes
& sans mouvement , mais si
brillants qu'on avoit de la peine d'en soûtenir l'éclat ; on
lui administra le Sacrement
des mourans ; & les Priéres
furent à peine achevées , qu'-
elle rendit l'esprit à son Crea-
teur , le 6. Juillet 1636. avec
cette tranquillité inseparable
de la confiance dans les mise-

ricordes du Seigneur que donne une vie paſſée dans l'exercice de la vertu. Il ne parut
pas que la ſainte Fille fût morte ; on auroit bien plûtôt dit
qu'elle étoit ravie en extaſe,
& l'on ne pouvoit ſe laſſer de
la conſiderer. Quand on eut enfin reconnu qu'elle avoit expiré, on n'entendit plus dans
la Chambre que pleurs &
que gémiſſemens. L'Infirmiere
qui avoit eu ſoin d'elle pendant toutes ſes maladies, étoit
en particulier ſi ſaiſie de douleur, que les infirmités auſquelles elle ſe trouvoit ſujet-
te elle-même depuis très-long-
tems, faillirent à la faire ſuccomber. Elle ne pouvoit cependant ſe reſoudre à quitter
le Corps de cette bonne Mere,
elle tenoit ſes mains étroite-

ment ferrées dans les fiennes ; & il fallut que la Supérieure lui ordonnât de fe retirer en vertu de la fainte obéiffance. Elle obtint toute-fois enfuite la permiffion de rendre à la défunte les derniers devoirs de la charité ; & aidée par une autre Réligieufe elle l'habilla, afin de l'expofer dans le Chœur fuivant la coûtume. On eut tout lieu d'être extrêmément furpris, quand cette fille s'étant acquitée de ce pieux Office de charité, parut délivrée de toutes fes infirmitez & joüir d'une fanté parfaite : ce qui arriva en effet.

Le Corps de la Mere Jeanne de Jefus demeura expofé dans le Chœur, pendant vingt-fix heures ; & quoique dans les plus grandes chaleurs, bien loin d'exhaler la moindre mauvaise odeur, il en répandit une si agréable dans toute l'Eglise, qu'on auroit dit qu'elle avoit été parfumée avec les plus précieux Aromates de l'Orient. Le Corps étoit demeuré flexible ; les yeux étoient à demi ouverts & la bouche vermeille, châcun disoit qu'il falloit bien se donner de garde de l'ensevelir. On accouroit de toute part pour le voir ; & malgré le concours du monde, quoique l'Eglise fût très-petite, il n'arriva ni confusion, ni désordre. Il y regnoit un silence respectueux ; on se contentoit de regarder & d'admirer sur le visage de cette Sainte Fille des traits qui faisoient connoître qu'elle étoit déja dans le sejour des Bienheureux.

Après lui avoir rendu les honneurs funebres confacrez par la Réligion , on mit le Corps fous les degrez du Monaftére, vis-à-vis la porte du Chœur ; il n'y avoit point encore d'endroit déterminé pour la fepulture des Réligieufes, & la Mere Jeanne de Jefus avoit elle-même demandé à Marius Philonardi Archevêque d'Avignon la permiffion de mettre en depôt fous cet efcalier, le Corps de la premiere Réligieufe qui viendroit à mourir. Elle fut cette premiere Réligieufe ; & fans doute que par une difpofition particuliere , la divine Providence voulut cententer l'inclination de la Mere Jeanne de Jefus, qui pendant fa vie avoit fi fouvent souhaité d'être foulée aux pieds par les Réligieuses : disant qu'une aussi chetive Creature qu'elle, ne méritoit pas un autre traitement.

Le Corps étoit dans une Caisse de sapin ; & lorsqu'on l'eut placé sous l'escalier, on remplit l'ouverture de mortier & de pierres, & on y jetta quantité d'eau. Le tout fut même couvert ensuite d'un ais sur lequel on bâtit avec du plâtre & des briques, afin qu'il n'en exhalât aucune mauvaise odeur, lorsque le Corps viendroit à pourrir ; mais c'étoit-là une précaution bien inutile.

Le Tombeau parut s'entrouvrir peu de jours après, du côté de la muraille à laquelle on n'avoit pas touché ; &

bien loin qu'il en fortît quelque infection , on fentit une
odeur très-fuave ; les Penfionnaires , qui s'en apperçùrent
les premieress flattées de cette
odeur agréable qui fe répandoit dans tous les environs ,
s'efforcérent de faire d'autres
ouvertures dans la muraille ;
& pendant plufieurs mois on
vit diftiller de ce Tombeau
une liqueur fi odoriférante ,
que les parfums les plus précieux n'y étoient pas compa-
rables.

Les Réligieufes ne furent
bientôt pas moins curieufes
que les Penfionnaires; plufieurs
s'attachérent à agrandir les
ouvertures, & en firent une fi
grande qu'elles virent enfin
le Corps de leur Superieure.
Il étoit entier fans corruption,

& sans même que les habits dont il étoit revêtu fuſſent endommagez ; c'eſt ainſi qu'on le trouva lors du Procès-Verbal qui fut fait le Vendredi vingt-neuviéme Mai , & les jours ſuivans de l'année 1637. par ordre du Vicaire Général de l'Archevêque, en l'abſence de cė Prélat qui étoit pour lors Nonce du Pape auprès du Roi & de la République de Pologne. L'Original de ce Procès Verbal eſt dans les Archives de l'Archevêché d'Avignon ; & l'on y voit que le Grand-Vicaire , à la réquiſition de la Supérieure & des Réligieuſes du Monaſtére , l'ordonna pour examiner s'il y avoit quelque choſe d'extraordinaire & de ſurnaturel dans ce que les Réligieuſes rapor-

toient de la Mere Jeanne de
Jesus. Outre l'integrité du
Corps, la liqueur odoriférante, qui sortoit du Tombeau
& le Parfum qu'on croyoit sentir lorsqu'on approchoit, des
Domestiques du même Monastére, disoient avoir été gueris
de leurs infirmitez en invo-
quant la Fondatrice : d'ailleurs il falloit s'éclaircir sur
un bruit considérable, que les
principales Réligieuses & les
plus âgées, avoient entendu
pendant trois Samedis consé-
cutifs ; & enfin transporter le
Corps dans un lieu plus dé-
cent.

On ouvrit donc le Tom-
beau, & le Corps fut trouvé
tout entier ; il étoit de couleur
d'yvoire roussâtre, & aussi fraix
que si elle n'eût expiré que de-

puis un inftant ; il avoit été cependant enfermé de la maniere qu'on l'a raporté, dans le plus fort des chaleurs & fans aucune [des précautions que l'on prend pour empêcher la corruption. Au Procès-Verbal fut joint le raport des Médecins & des Chirurgiens députez pour vifiter le Corps ; & il y eft dit qu'il n'avoit pû être ainfi confervé en fon entier, fans Miracle ; il eft même fpecifié dans la Procédure que la Chemife qui fe trouva fur le Corps de la Mere Jeanne de Jefus n'avoit pû être déchirée qu'avec de grands efforts.

La liqueur qui en avoit diftillé étoit odoriférante & reffemboit à de l'huile ; les Réligieufes la ramafférent ; & elle a operé plufieurs gueri-

sons inesperées. C'est ce qui arriva principalement à l'égard
de quelques Réligieuses du
Monastére d'Arles; elles étoient
tourmentées par des maux extraordinaires ; sujettes à des
évanoüiſſemens , elles tom-
boient dans des convulſions ſi
violentes , qu'aucun reméde
ne pouvoit leur apporter du
soulagement. Des linges trem-
pez dans la liqueur qu'on a-
voit ramaſſée au Tombeau
de la Mere Jeanne de Je-
ſus , les guérirent entierement.

On raporte que le jour de
ſes funerailles , on avoit allu-
mé une grande quantité de
flambeaux , pour lui faire honneur , comme à la Fondatrice du Monaſtere ; après que
le Corps eût été inhumé , on

peſa la cire pour ſçavoir ce qui s'étoit conſumé ; mais quelle ſurpriſe pour la Communauté de voir qu'il y avoit le même poids que lorſqu'on diſtribua les flambeaux ! Ils avoient été toutefois allumez pendant 24 heures, & comme il a déja été remarqué, la chaleur étoit exceſſive.

On raporte encore que le jour de l'ouverture de ſon tombeau, on exorciſa un Poſ-ſedé dans l'Egliſe du Monaſ-tére ; quelqu'un lui préſentant des fleurs de la couronne qui étoit ſur la tête de la Mere Jeanne de Jeſus, le Poſſedé s'écria auſſi-tôt qu'elles augmentoient ſes tourmens ayant touché le corps d'un ame, qui étoit placée parmi les Seraphins.

Quelque tems après la mort de la Mere Jeanne une Réligieuse d'Arles voulant puiser de l'eau, tomba dans la citerne ; & elle y auroit infailliblement péri si, comme elle l'a raporté, elle n'eût entendu une voix qui l'avertit de se prendre à une échelle qu'on y avoit laissé par hazard ; sa voix fut même entenduë par les autres Réligieuses, qui accoururent pour lui donner sécours ; elles ne furent pas peu étonnées de la voir hors de danger, & de l'entendre s'écrier toute enthousiasmée, " Ma bonne Me-
„ re m'a sauvé. „

Le Procez-Verbal dont-il a été parlé fait mention de la guérison miraculeuse d'une Servante du Monastére d'Avignon, qui s'étoit fracaffée le corps en divers endroits, en tombant d'un arbre murier qui étoit dans le jardin. Les Chirurgiens qui la vifitérent après fa chute, & qui peu de jours après la trouvérent parfaitement guérie, atteftérent que cette cure furpaffoit les forces naturelles.

Mais Dieu n'avoit pas attendu la mort de la Mere Jeanne de Jefus pour manifefter fa fainteté par des Miracles ; il y en eut de fon vivant que l'humilité feule lui fit cacher. Celui qui fut operé en 1627. eft des plus rémarquables. Une Réligieufe deftinée à la veiller ne pouyant réfifter au fommeil, s'étoit endormie, & avoit laiffé la lampe allumée auprès du lit ;

le feu y prit & commençoit
à gagner le plancher, lorsque
la Mere Jeanne de Jesus, qui
contre son ordinaire, s'étoit-elle
même endormie, se reveillant
en sursaut se trouva à genoux
au milieu de sa Chambre: elle
qui depuis long-tems ne pouvoit se lever sans le secours
de quelqu'un. On n'a jamais
pû savoir qui l'avoit tirée de
son lit; elle a même protesté,
qu'elle ne le savoit pas, & il
est à croire que quand elle
l'auroit sçu son humilité ne
lui eût pas permis de le re-
véler. Ses cris éveillérent cependant la Réligieuse, qui
étoit sur le point d'être étouf-
fée; & celle-ci porta l'allar-
me dans tout le Couvent; la
crainte étoit naturelle; le progrez des flammes menaçoit de

réduire la Maison en cendres.
Quelque épouvantées que fuſſent les Réligieuſes, elles firent néanmoins attention à
leur Superieure, auſſi tranquille que s'il n'y avoit eu aucun
danger. En effet elle leur ordonna, quoique contre les régles de la prudence ordinaire,
d'ouvrir les portes & les fenê-
tres de la Chambre; il n'en falloit pas davantage pour donner au feu toute ſon activité;
les flammes s'élancèrent impe-
tueuſement en divers endroits;
les Réligieuſes qui avoient exé-
cuté les Ordres de la Superieure étoient dans un état inex-
primable. Elles croyoient toucher au moment de leur ruine totale. " Ce n'eſt rien, leur
„ dit la Mere Jeanne, ne vous ef-
„ frayez pas, tout ceci va paſ-

,, fer dans un inftant; ,, la chofe arriva , & un incendie que rien ne paroifloit pouvoir éteindre , cefla tout d'un coup.

L'étonnement des Réligieuges rédoubla à ce nouveau prodige , car on peut fans crainte lui donner ce nom ; elles en demandérent la caufe à leur bonne Mere. " C'eft, ,, leur répondit-elle, un effet :, de la protection que nous ,, accorde l'Ange du Seig- ,, neur, qui veille à la confervation de ce Monaftere. ,, Elle les exhortá d'y avoir une finguliere devotion ; & c'eft en actions de grace de ce que le Monaftére fut ainfi préfervé de fa ruine , qu'on y fait encore toutes les années à pareil jour une Communion générale.

Les Elemens ne furent pas feuls à reffentir le pouvoir de celui qui les a créés, lorfqu'il fut queftion de faire éclater le credit que la Mere Jeanne de Jefus avoit dans le Ciel. La reduction des cœurs eft un prodige bien plus grand encore, que de voir les Elemens agir contre leur nature. L'Antipatie d'une Réligieufe pour une de fes Sœurs, avoit dégeneré en une haine implacable, à l'occafion de quelques brufqueries qu'elle en avoit reçû. Par politique autant que par néceffité, elle diffimuloit neanmoins fes fentimens ; mais ils ne purent échaper à la pénetration de la Mere Jeanne de Jefus. Elle fit appeller cette Réligieufe, qui ne fe determina qu'avec peine à obéir, craignant que la Supérieure ne voulût la reconcilier avec sa Sœur. Mais à peine fut-elle en préfence de la Mere Jeanne de Jefus, que fans que cette fainte Fille lui dît un feul mot, elle fe fentit fubitement le cœur fi changé, que la haine qu'elle portoit à fa Sœur fit place à la plus vive tendreffe ; elle la chercha, fe jetta à fes pieds, fe reconcilia avec elle, & l'aima depuis conftamment tout le tems de fa vie.

On raporte quelque chofe de plus frappant encore, arrivé quelque-tems avant la mort de la Mere Jeanne de Jefus. Une Novice du Monaftére d'Arles fe trouva fur la fin de fon Noviciat vivement preffée de quitter le voile ; & cette tentation fut une nuit si violente qu'elle en fut entierément occupée ; elle crut voir enfin auprès de son lit une Réligieuse qu'elle ne connoissoit pas, & qui lui prenant la main, lui dit trois ou quatre fois.,, Ma Fille, tout passera, ,, soyez contente ;,, Ces paroles la calmérent, la pensée de sortir du Monastere s'évanouit ; & elle raconta le lendemain à la Maîtresse des Novices ce qui s'étoit passé. Elle dépeignit si bien la Réligieuse qu'elle avoit crû voir , que la Maîtresse ne jugea pas à propos de s'expliquer sur ce qu'elle en pensoit, & lui ordonna de garder le secret , ce qu'elle fit exactement.

Elle vêcut depuis dans la plus parfaite tranquillité , &

n'eut plus aucun dégoût pour
fa vocation ; elle fit fes vœux
avec de grands fentimens de
dévotion & avec une joye
intérieure très - fatisfaifante.
La Mere Jeanne de Jefus mou-
rat environ un an après ; les
Réligieufes d'Avignon crurent trouver quelque confolation dans la douleur d'a-
voir perdu leur bonne Mere,
en faifant faire fon portrait.
On en envoya à Arles, une
copie qui fut expofée dans
le Chapitre , afin que la Communauté pût la voir. La jeune
Profeffe n'eut pas plutôt aperçut le portrait qu'elle s'écria.
“ Voilà la Réligieufe qui ma
„ delivré de ma tentation ;
„ c'eft elle qui me rendit ma
„ premiére tranquillité : c'eft
„ donc à vous , ma bonne Me-

,, re, que je dois la grace de
,, ma vocation, quoique je
,, n'eûs pas le bonheur de vous
,, connoître. ,, La Communauté ne savoit que penser
du langage de cette Fille,
& de la joye dont elle paroissoit transportée ; la Maîtresse des Novices revela pour
lors ce qu'elle savoit ; & toutes glorifiérent le Seigneur
qui avoit donné un si grand
pouvoir à son humbleServante.

Des Procès-verbaux en bonne forme font foi de toutes
ces merveilles, attestées par
des Réligieuses, trop sages &
trop prudentes, pour pouvoir
être soupçonnées d'illusion ou
de mauvaise foi ; mais quand
l'incredulité dont on se pique
aujourd'huifronderoitdesfaits
qui tiennent ainsi du prodige,

& que les gens de bien regarderont comme inconteſtables, ne ſeroit-ce pas un miracle bien conſtant que la Vie de la Mere Jeanne de Jeſus? On l'a vûe mortifier ſans ceſſe l'Amour propre, s'humilier en toutes choſes, reprimer la vivacité de ſon temperament, pratiquer des auſteritez extraordinaires, poſſeder inviolablement ſon ame dans la patience au milieu même des maux les plus inſuportables, ſoûmettre en tout ſa volonté à celle du Seigneur, & n'avoir en vûe que ſa Gloire. Ce ſont là de vrais Miracles, faits pour l'édification des Fidelles, & qui doivent exciter une Sainte émulation.

F I N.

LETTRE

DE LA MERE JEANNE

DE JESUS, A ses cheres, & Religieuses filles de la nouvelle fondation du Monastere d'Avignon.

MES très-cheres & bien-aimées Filles : la paix & amour du très-doux JESUS, soit l'humble & cordial salut que je vous souhaite à tres-toutes.

Pensant à cette nouvelle fondation de vostre & nostre cher Monastere d'Avignon, j'ay pris garde que ce mot de fondation comprend beaucoup de choses selon mon petit jugement, que j'avoüe plein d'ignorance, & tire quant & soy de grandes consequences. Car la verité est telle que pour faire un bon Bastiment, le principal gist à faire de bons fondemens, puis que d'iceux depend tout l'édifice. Doncques il me semble que la premiere

chose que doit faire un bon Maître bastis-
seur, c'est de prendre garde de faire les
fondemens, suivant la grandeur & hauteur de l'édifice qu'il entreprend : Par-
tant s'il desire de faire un beau & grand
Palais, ou une grande, bonne & belle
Maison, il est necessaire qu'il fasse de
larges & profonds fondemens, ce qu'il ne
peut sans avoir au préalable tiré toute la
terre mouvante du lieu destiné à ce faire,
ne cessant d'en tirer, jusques à ce qu'il
ait trouvé la terre ferme & solide ; se-
condement il faut qu'il ait soin d'avoir
de bons materiaux, comme pierre, chaux,
sable, & eau, veu que sans cela il ne
peut rien faire : Vous estes doncques
allées en Avignon, mes très-cheres & bien
aimées filles, ou plustost nostre Seigneur
daignant se servir de vous autres veuê y
a appelées pour estre les maistresses ouvrie-
res d'un beau bastiment & grand édifice
spirituel dans cette bonne & sainte ville
commençant en icelle un Monastere de
nostre Ordre : Donsques vous avez besoin de prendre garde que le dessein est
fort grand, puis qu'il s'agit icy de la
gloire de Dieu de l'édification du pro-

chain, & du salut des ames, joint au
bien, & avancement de nostre Ordre :
& par consequent vous avez bon besoin
d'avoir tout ce qui est marqué cy-dessus :
sçavoir une grande force, patience, &
constance, signifiée par la pierre, pour
supporter toutes les peines, travaux,
& Mortifications, qui se presentent en
une nouvelle Fondation ; une grande
charité signifiée par la chaux, qui est
toute ardente : ainsi devez vous estre
toutes ardentes d'une vraye charité, &
amour de Dieu, & du prochain ; mais
que cet amour soit tout blanc, & pur,
signifié par la blancheur de la chaux.
Apres vous devez avoir une grande humilité, signifiée par le sable, lequel est
toujours au plus bas, & quoy qu'on le
jette sur l'eau, il va neanmoins toujours au fond qui est son centre : ainsi
l'ame Religieuse doit avoir une grande
humilité fondée sur la connoissance d'elle-
mesme, s'abaissant toujours jusques au
profond de son neant. Enfin il faut avoir
de l'eau pour joindre tous ces materiaux
ensemble ; vous devez avoir une grande
union avec Dieu par le moyen de la

ſainte Oraiſon ; Car tout ainſi que l'eau
joint la pierre, la chaux, & le ſable,
& en fait comme une meſme choſe ; tout
de meſme la ſainte Oraiſon unit parfaitement l'ame à Dieu, & en fait comme
nne meſme choſe, & luy acquiert la paix
& union avec ſon prochain. L'eau a encore d'autres proprietez ; Car elle deſaltere, rafraichit, & nettoie tout: de meſme
l'oraiſon eſtant faite avec les qualitez re-
quiſes, deſaltere l'ame, & la rafraichit, luy faiſant paſſer doucement toutes
les peines & incommoditez de cette vie,
& la nettoye des taches & imperfections
qu'elle pourroit avoir contractées par
ignorance, & fragilité. Or ayant fait
bonne proviſion de toutes les belles vertus,
il faut creuſer pour commencer la ſtruc-
ture, & poſer la pierre fondamentale :
c'eſt à dire, vous devez tirer toute la
terre mouvante de l'amour propre, juſques à ce que vous n'ayez rien dans voſtre cœur, que la terre ferme de l'amour
de Dieu ; & ſur ce fondement baſtir les
quatre principales murailles, bonnes, &
bien fortes, qui ſignifient les quatre
vœux ſolemnels, d'Obeiſſance, Pauvre-

té, Chasteté, & Clôture : vous bastirez
donc la premiere muraille de l'obeissance
du costé du Levant, que vous esleverez
fort haut, l'exerçant & pratiquant avec
toute la perfection qui vous sera possible ;
soufmettant à l'aveugle vostre jugement,
& volonté à vostre Superieure, & ac-
compagnant vostre obeissance, de toutes
les belles circonstances necessaires pour la
rendre agreable à Dieu, que vous avez
souventefois aprises, sur tout par la lecture de cette Epitre d'or, & divine de
Saint Ignace grand Patriarche de la devote Compagnie de JESUS, traitant
d'icelle. La seconde qui est la Chasteté,
vous la bastirez du costé du Midy, pour
vous opposer genereusement aux ardentes
chaleurs des appetits de la chair, & des
sens, & mortifier vos sensualitez. Du
costé du Couchant, vous bastirez la
muraille de la sainte Pauvreté, procurant soigneusement que tout desir, &
convoitise des biens caduques, & peris-
sables soit en son Couchant, & meure
dans vos cœurs, & vous dénuant entierement, non seulement de la possession,
mais encore de l'affection de toutes les

choſes de la terre, n'en diſirant uſer que
par neceſſité reglée, meſme des loix de
la ſainte Obeïſſance. Du coſté de la Bize,
vous y baſtirez celle de la Clôture, à
laquelle vous ne ferez que fort peu d'ouverture, & ſeulement des portes, & feneſtres abſolument neceſſaires, leſquelles
vous munirez de brize-vents & contre-
feneſtre, que vous tiendrez fermés pendant l'hyver, & mauvais temps ; Car tout
mal vient de l'Aquilon, vent faſcheux,
& extrêmement dommageable : Par ce
moyen vous ſerez ſur vos gardes pendant
l'hyver de cette vie, & tiendrez les
portes de vos cœurs, & les feneſtres de
vos ſentimens bien fermées, puiſque c'eſt
par là, comme vous ſçavez, que la mort
entre dans les ames. Et ainſi comme en
un Monaſtere bien reglé perſonne du
Monde n'y entre, que ce ne ſoit par neceſſité & pour le bien du Monaſtere, &
encore avec congé de la Superieure, &
conduite de la bonne Portiere, & de ſa
Compagne: Tout de meſme vous prendrez
garde qu'il n'entre rien dans voſtre cœur,
que ce ne ſoit pour le bien de vos ames,
& avec congé de la partie Superieure,

qui est la raison , & par la conduite de
la fidelle Portiere qui est la crainte de
Dieu ; voire faut-il sonner à l'entrée
une petite clochete , c'est à sçavoir que
les lumieres , que par la misericorde de
Dieu vous aurez obtenuës en vos oraisons,
discernent & vous fassent connoître ce qui
entre en vos cœurs , & que rien n'y entre
en cachette , mais que par une sincere
& entiere ouverture de vos cœurs à vos
Superieures elles sçachent mesme vos
pensées, & les imaginations qui se presentent à vos cœurs , pour vous aider à ne
recevoir que les bonnes & saintes , &
interdire l'entrée aux mauvaises , & à
celles qui pourroient vous apporter du
prejudice , & retarder vostre perfection.
Enfin ayant construit & basti cet édifice
vous y aurez pour montée ordinaire , fort
aisée, & commode, la pratique journaliere,
& exacte observance de vos saintes Regles
& Constitutions ; laquelle vous conduira
jusques au plus haut faiste de ce majestueux
bastiment spirituel de la perfectoin Religieuse. Travaillez donc courageuse-
ment (mes très-cheres , & bien aimées
filles) à cette nouvelle fabrique de vostre

fôdation par la pratique solide de toutes les susdites vertus, & par l'accomplissement entier & inviolable de vos saintes Regles & Constitutions ; car sans doute vous en aurez une bien grande recompense de ce bon Dieu qui est le premier Moteur & Maistre de vostre entreprise ; lequel je supplie de tout mon cœur orner & embellir vos ames de toutes les vertus, dons, & graces qui vous sont necessaires, pour commencer, poursuivre, & parachever vostre saint ouvrage, & dessein, à l'honneur, & gloire de sa divine Majesté ; je l'en suplie, dis-je, avec autant d'affection, comme après m'estre recommandée à vos saintes Oraisons, je desire d'estre toute ma vie,

Mes très-cheres & bien aimées Filles,

Votre tres-affectionnée & indigne Mere, & plus humble Servante en Notre Seigneur, Sœur JEANNE DE JESUS.

De votre Monastere de Sainte Ursule d'Arles ce 24. Mars 1632.

CORRESPONDANCE INÉDITE

DU

COMTE D'AVAUX

(CLAUDE DE MESMES)

AVEC SON PÈRE

JEAN-JACQUES DE MESMES, Sʳ DE ROISSY

(1627-1642)

PUBLIÉE PAR A. BOPPE

PARIS

LIBRAIRIE PLON

E. PLON, NOURRIT ᴇᴛ Cⁱᵉ, IMPRIMEURS-ÉDITEURS

RUE GARANCIÈRE, 10

1887

Tous droits réservés